Yi wan fu hao　Jiao　Wo de　Li cai wu qi

亿万富豪
教我的理财武器

从金钱逻辑到投资技巧

〔日〕挂越 直树 著　刘世佳 译

民主与建设出版社
Democracy & Construction Publishing House

图书在版编目（CIP）数据

亿万富豪教我的理财武器：从金钱逻辑到投资技巧 /(日)
挂越 直树著；刘世佳译. —— 北京：民主与建设出版社, 2016.5
ISBN 978-7-5139-1074-3

Ⅰ.①亿⋯ Ⅱ.①挂⋯ ②刘⋯ Ⅲ.①投资－基本知
识 Ⅳ.①F830.59

中国版本图书馆CIP数据核字(2016)第083673号

著作权合同登记号：图字：01-2016-3703

TOP 0.1% NO CHO FUYUSO DAKE GA SHITTEIRU OKANE NO TETSUGAKU

© 2014 Naoki Kakegoshi

First published in Japan in 2014 by KADOKAWA CORPORATION,Tokyo.

Simplified Chinese Character rights arranged with KADOKAWA CORPORATION

through Beijing GW Culture Communications Co., Ltd.

出 版 人： 许久文

责任编辑： 李保华

策划编辑： 宋洪洁

出版发行： 民主与建设出版社有限责任公司

电　　话： (010)59419778　　59417745

社　　址： 北京市朝阳区阜通东大街融科望京中心B座601室

邮　　编： 100102

印　　刷： 廊坊市华北石油华星印务有限公司

版　　次： 2016年8月第1版　2016年8月第1次印刷

开　　本： 32

印　　张： 6.125

书　　号： ISBN 978-7-5139-1074-3

定　　价： 32.80元

注： 如有印、装质量问题，请与出版社联系。

前言

超级富豪——

听到这一词汇，大家会联想到什么呢？

远在天边一般的存在？大家是不是会这样想呢？

首先，在言及"超级富豪"之前，必须提到"富豪"。

"富豪＝富裕阶层"，这个等式中"富豪"的定义就是"金融资产在1亿元①以上"。依据《世界财富报告》的标准，日本大约有230万的有钱人。日本是仅次于美国，世界排名第2位的富裕阶层大国，这一现象显然是非常让人意外的。

所谓的"超级富豪"，是指在"富豪"的基础上，更加富裕的"超富裕阶层"，在本书中，我将他们定义为"金融资产5亿元以上"的人们。

---

① 元，本书中提及的"元"均指日元，日文写作"円"，日元货币单位。

——译者注

我曾经在合资银行工作过，主要负责服务这些富裕阶层。在那段时间，我曾经和大约3000人进行过交谈，在他们中间有超过300人是超富裕阶层。

这些超级富豪们有男有女，他们可能是私人医生，可能是公司老板，甚至有人是现役军人，还有人将家产遗赠给了子女、自己颐养天年。

与这些人交谈的感受就是：这些超级富豪们的思维方式、习惯和行动都和"普通人"不同。

超级富豪们有着自己顺理成章的思维方式，在行动上也有一定的模式。"获得成功，却没得到对等的金钱，正因为这样所以我要成为超级富豪""我要挣更多的钱"等等这种"普通人"的思维方式，超级富豪们是不会有的。

超级富豪们的成功之处正在于他们独有的思维方式。

那么，这种独有的思维方式究竟是什么呢？

恐怕，大多数买了这本书的读者朋友们的内心正是：超级富豪们都在想什么呢？真是难以捉摸啊。

本书中，我从"金钱""行动""习惯""性格"四种视角出发，将超级富豪们日常生活的种种实践行为划分为34个项目进行归纳。

但是，如果仅仅将超级富豪们的生活状态罗列出来的话，"究竟哪里不同呢？"我想就难以对这个问题作出回答了。

本书中，我按照公民财产所有的比例，将讨论对象划分为"普通人""中产阶级""超级富豪"这三类，分别论述三者的思维方式。

形象一点说，普通人大概就是金融资产在 5000 万元以内，中产阶级就是金融资产在 5000 万—1 亿元之间。

通过阅读此书，我想大家将会明白自己跟超级富豪们所处的位置之间究竟有多么大的差距了。

超级富豪们究竟在想些什么、究竟怎样行动，即使仅仅知道了这些，在今后和超级富豪们的交往过程中，大家应该也会有所改变。

挂越 直树

⸪ 目 录

目 录

Part 3　习惯篇

　　　　有钱人的自我控制

目　录

进展过于顺利；超级富豪，在意洗手间的清洁工作。

普通人，让时间白白流逝；中产阶级，花钱度过假期；超级富豪，在家里安静地度过假期。

Part 1　金钱篇

超级富豪们真的是"铁公鸡"吗

武器 1 超级富豪用 1000 元的纸币来付钱

普通人付钱的时候，会拿出面值 5000 元的纸币；中产阶级付钱的时候，会拿出面值 10000 元的纸币。

如果我们钱包中只有（1000 元面值以上的）纸币没有零钱，付款时您会采取怎样的方式呢？事实上，付款方式亦可以反映出一个人的思维方式。

普通人，为了化整为零会拿出面值 5000 元的纸币。

普通人用纸币付钱的时候会拿出面值 5000 元的纸币。

即使钱包中明明有面值 1000 元的纸币，还是会有大部分人坚持拿出 5000 元。

因为这样可以通过购物顺便将纸币化整为零。

比如，他们在超市购物，买了蔬菜、肉类以及其他生鲜食品等商品，然后来到收银台。收银员将他们选购的商品从购物车里一样一样取出、输入计算机结算、给出总金额。

假设总金额为 2500 元。

原本可以用 3 张 1000 元的纸币就可以结算，但他们偏要给出 5000 元让收银员找零。这样一来，既得到了零钱，也保留了自己钱包里的千元纸币。

然而，普通人并没有事先准备更多纸币的打算，只是想让收银员代理完成货币兑换的工作。

中产阶级，钱包里只有面值 10000 元的纸币。

中产阶级付钱的时候，会拿出面值 10000 元的纸币。

为什么呢？

因为这些人用 ATM（自助取款机）取钱时，大多数情况下**只能取出面值 10000 元的纸币**。例如，他们在 ATM 取出 50000 元，那么取出来的是 5 张面值 10000 元的纸币，而不会混杂着面值 1000 或 5000 元的纸币。

换句话说，钱包里只有万元大钞这种情况也并不稀罕。

那么，以下这种情况又应该怎么办呢？

就是当他们在凭券用餐的拉面店用餐的时候。如果售券机只接收面值 1000 元的纸币，而且店内又只有这一种机器，他们该怎么办呢？

必须请店员将万元大钞兑换成千元纸币。但是，这对于店家来说就是一种时间上的浪费，特别是在店内用餐人数众多，异常忙碌的情况下，对店家来说堪称一种"麻烦"。

然而，这些有钱人却对店家的情况毫不在意。

因为他们的想法是"我花钱来你们店里吃拉面，你们理应负责零钱兑换"。

所以，他们也就厚脸皮地要求店员把万元大钞兑换成1000元后再买券消费。

超级富豪，会在充分考虑对方的基础上享受良好的服务。

超级富豪付钱的时候，会拿出面值1000元的纸币。因为他们更愿意以1000元为中心来付款。这是为什么呢？

首先，超级富豪用ATM取钱时，他们会从取出金额中**拿出10000元兑换成10张1000元**。

比如，一共取出10万元，他们会保留9张万元大钞，将剩下的1张兑换成10张1000元。

说到这里，让我们来比较一下超级富豪和中产阶级、普通人的付款方式（有什么不同）。

还是刚才的例子，这些富豪们在超市购物，收银员将购物车里的商品逐一确认并结算，总计金额为2500元。因为这些人的钱包里平常就会准备许多张面值1000元的纸币，所以他们只需要直接拿出 3 张交给收银员，然后从收银员那里拿来找回的 500 元硬币用于今后的消费。

在这里，希望大家注意一点：**这些超级富豪们不会在零钱包里费力翻找 500 元的硬币。**

举例来说，即使他们想要支付正好 2500 元，也不会在零钱包里翻找 500 元的硬币或者 5 枚 100 元的硬币。

这又是为什么呢？因为这对他们来说是时间上的浪费。他们也不想让在收银台排队等待的其他客人焦急万分。

* 充分考虑店家需求。

再比如，在凭券用餐的拉面店，他们会怎样呢？

面对只收千元纸币的售券机，中产阶级这时会拿出万元大钞让店员兑换；而超级富豪们则会直接取出千元纸币，顺利地买券就餐。

为什么超级富豪们能做到上述这些事呢？

这是因为他们比中产阶级和普通人更善于观察周围。

从小和父母一起外出用餐或购物时，目睹父母对店员多方关照的姿态。他们正是在这样的耳濡目染下长大。

或许是因为他们的父母从没有只用万元大钞付款的行为吧。

这难道不能说明他们幼小的心灵已经能够理解"收取大面值纸币再找零，对于任何一个商店来说都是一种麻烦"这句话吗？等到他们长大之后，便将这种经验活用于实践。

这些超级富豪们，更希望店家们可以**"心情愉悦地为其提供服务"**。

★　**重点：即使在付钱的时候，也能给予周围的人多出一倍的关注。**

武器 2　超级富豪选择去距离最近的起市购物

普通人在购买相同商品时，会选择去更便宜的店，即使只差 1 元；中产阶级在购买相同商品时，会选择去便宜 10 元的店；超级富豪们，并不在乎商品的价钱，会选择去距离更近的超市。

本部分，我将围绕他们在超市购物的情景进行描述。

所谓"超市"，就是指价格合理、种类繁多，这样的情景下，普通人、中产阶级、超级富豪们分别会怎样思考呢？

普通人：总是在无休止地进行价格比较。

普通人在购买相同商品时，会选择去更便宜的店，即使只差 1 元。在他们的金钱观里，节约就是行动的座右铭，去相比之下只便宜 1 元的商店对他们来说已经成为习惯。

普通人的购物行为通常从在报纸的夹页传单上看到超市的传单开始。

比如，今天的传单上刊登了这样一条优惠信息："猪肉 100

克 108 元。"

但是他们不会仅仅凭借这条打折信息来判断是否购买，他们会对这一商品进行价格上的比较。而且渠道也不仅局限于传单，还会通过智能手机、电脑浏览附近超市的价格如何，从而进行比较。

比如，传单上所说的超市离自己家 500 米。但是在网上查到另一家超市，他们那里猪肉的价格是"100 克 107 元"，且这家超市离自己家 1500 米。

这种情况下，普通人毫无疑问地会选择离自己家 1500 米远的超市。

对普通人来说，**重要的不是距离，是价格**。即使价格上只有 1 元的优惠，他们也会去这家超市。希望能够减少支出，即使只有 1 元。

中产阶级：比较价格的同时也注重效率。

中产阶级在购买相同商品时，会选择去便宜 10 元的店。

对于中产阶级的人们来说，金钱的"使用"更为重要。并不是在任何情况下，都会去更便宜的超市买东西，一般情况下会选择离自己更近的超市。

但是，以下的情况就另当别论了。比如，他们在报纸的夹页传单里看到了"刺身什锦拼盘 980 元"这样的广告，但是在网上发现了另外一条同样的刺身什锦拼盘只卖"970 元"。销售这款 980 元的刺身拼盘的超市在离自己家 300 米的地方，而销售 970 元的刺身拼盘的超市在离自己家 1200 米的地方。

中产阶级的人们在进行了对比之后，会选择离自己家 1200 米的超市。如果两者只相差 5 元，那么他们还是会选择离家比较近的。但是如果价格差在 10 元以上，他们就会选择更远的超市。

超级富豪：为了不浪费时间，选择更近的超市。

超级富豪们，并不在乎商品的价钱，他们会选择去距离更近的超市。

超级富豪们基本不看报纸里面的夹页传单。

原因是：他们已经决定好了去哪家超市。

那就是离自己家最近的那一家。超级富豪们最讨厌的就是时间上的浪费，所以他们更倾向于不在乎价格地购买食材或者生活用品。

不要让价格成为决定你选择哪家店的原因。

但是，也并不是说超级富豪们总是会选择离自己最近的超市。他们也会有例外情况，也会去到比较远的超市。

那就是，当超级富豪被朋友们推荐了某地时。

比如，在和朋友聊天的过程中，听到了以下内容：

我前些日子去了一家离我家比较远的超市。那里的蔬菜都是无农药的，而且是从农场直运到超市的，非常新鲜。而且，在蔬菜区甚至还贴着种菜人的照片，每一种蔬菜都很让人满意且放心。于是买了卷心菜和黄瓜。回到家一尝，觉得水分特别充足，特别好吃。

虽然这家超市离家有点儿远，每天都过去会很麻烦，但是每个周末去一次这家超市也是很不错的。如果你也感兴趣的话，我可以把这家超市的地址告诉你。

超级富豪们就会在高兴之余，选择去这家超市。

能够让超级富豪们选择稍远一点儿的超市的，绝对不是"价格"。一定是因为这家超市有什么独到之处。哪怕这家超市在开车还要 30 分钟的地方。

超级富豪们认为：高品质所以高价格。

几天之后的一个周六，超级富豪们去了朋友推荐的超市，来到了蔬菜区。

诚如朋友所言，卷心菜呀、黄瓜呀都是水灵灵、无农药的，甚至连农户的照片都贴在上面。

但是，他们发现了一个问题：这里的蔬菜比自己附近的超市卖的蔬菜贵两三倍。

即使在这种情况下，超级富豪们也会毫不犹豫地付款。因为他们根本不会花时间考虑价格高低。

超级富豪们，对于有价值的东西是不用价钱来衡量的。他们**对于有特色的东西，往往不吝重金。**

即使平时非常注重效率而选择临近超市的超级富豪们，也会为了自己特别中意的商品而特意去远一点儿的超市。

重点：即使去超市买东西，也会严格注重"防止时间浪费"和"品质"。

武器3 超级富豪用保险柜里的存折取钱

普通人往往不记得自己把存折放在了哪里；中产阶级通常把存折

交给妻子或者丈夫全权管理。

本章我们来讨论一下存折。

存折非常重要，但对存折的管理方式确是因人而异。

在这里，我想来探究一下大家对存折的感觉。

普通人：用银行卡来代替存折。

普通人往往不记得存折放在了哪里。

因为他们根本就忘记了，存折放在了哪里。

这是因为在他们看来，银行卡就足以完成这些事情。

确实，只要有了银行卡就能够从银行取钱，也可以通过银

行卡存钱。

而且如果利用 ATM 机的余额查询功能也能够很清楚地确认

账户里的余额。

如果不想通过 ATM 的电子显示功能，希望以纸质版进行确认，那么也可以通过接收明细单的形式来实现。

按照上述情况，对普通人来说，**基本没有机会必须用到存折。**

即使是用来上缴公共费用或者信用卡账户转账，都可以大致了解转账金额，所以也就没有必要为此特地用存折来记录钱款往来明细了。

所以，他们也就忘记了存折被放在了哪里。如果在抽屉中无意中翻出存折来，他们还会感觉到"哇！好幸运"。

中产阶级：不想被家庭琐事牵绊才是他们内心的声音。

中产阶级们往往把存折的管理，全权委托给妻子或丈夫。

在存折管理这一点上，如果一家之中只有丈夫一个人工作，那么妻子反倒成了存折的管理者。如果两个人都工作的话，那么妻子作为存折管理者的情况也是比较多的。

比如在一家公司里工作的丈夫和作为专职主妇的妻子。大概就是这种感觉。

首先，家里的财政大权是由妻子来掌握的。一般情况下，当丈夫领了工资之后，妻子会将这笔钱存起来，然后丈夫从妻子那里取得一定金额的零花钱。

妻子会把存折妥善地保管在不会被小偷光顾的地方，然后牢牢记住那个地方。

当她们去 ATM 机取钱的时候，除了银行卡还会把存折一起带上，这样每次取钱时，**就可以在存折上记录存款的往来账目。**

和普通人相比，这些中产阶级的妻子们能够清楚地知道自己的存折里有几页。然而这些中产阶级本人在金钱的管理上，却没有什么特别概念。在他们看来，让妻子全权管理存折，自己只要负责从妻子那获得固定的零花钱，就已经是最好的方法了。

自己要做的就是在工作之中全心投入，不断提高自己的表现能力。

超级富豪：全权管理存折。

超级富豪们会利用保存在保险柜里的存折来取钱。

对于金钱，他们倾向于全部由自己进行管理。当发生与金钱相关的纠纷时，如果自己对此全然不知，这对他们来说是绝对无法忍受的事。

所以，他们会把存折也放在保险柜里，自己亲手来管理。这也是防盗的一种方式。

在这些超级富豪当中甚至还有人采用更加谨慎而严密的防盗措施。

这时，存折的管理就变成了以下这种情况。

当他们用银行的 ATM 机取钱时，银行卡一定在钱包中，换句话说也就是一定在手边。

但是超级富豪们不会仅仅利用银行卡取钱，与此同时，他们还会在存折上记录下存取记录。

为此，就必须带上保存在银行保险柜里的存折。

每次取钱都利用保险柜。

利用保险柜的时候，必须在银行的窗口指定用纸上本人签名并且盖章。

在窗口完成了的手续之后，才可以移步保险柜所在的房间。

然后来到自己所借用的保险柜前面，再拿出在签约时银行给予的钥匙或者门卡打开自己的保险柜。然后，从金库里拿出自己的存折，走出保险柜所在的房间。

在 ATM 机取钱的时候，同时**利用从保险柜里拿出的存折和自己的银行卡**。

把钱取出来之后，他们会再仔细检查一次存折上的明细，这样就完成了一次取钱的流程。

进行到这里，超级富豪们一般不会把自己的存折带回家里。他们会再一次来到银行的窗口填写保险柜使用专用表格，然后签字盖章，完成一连串手续之后，再把存折锁进保险柜里。

这些把存折放在保险柜里的超级富豪们在每一次取钱的时候都会进行上述的一连串的手续。

再说一点儿题外话，银行的 ATM 机一天之内取款的上限基本上就是五十万元。

超级富豪们，偶尔也会超额取款。

在这种情况下，他们会来到银行的窗口。提交自己已经签名并且盖章的支付请求书和存折，完成相应的手续。

这个时候，他们中还有些人会和窗口的负责人闲聊。

★ 重点，如果不自己管理存折，绝对放心不下。

武器 4 超级富豪从小就学习理财

普通人，成长过程中看到的是父母节约的样子；中产阶级，成长过程中看到的是父母消费的样子；超级富豪，成长过程中看到的是父母让钱生钱的样子。

大家对金钱持什么态度呢？

恐怕，大多数人都是从父母那里学到"钱要存起来"。

但是，每个人对带金钱的感受是因成长环境而不同的。

普通人：自幼生长在认真工作的父亲和勤俭持家的母亲身边，记住的是"忍耐"。

普通人，成长过程中看到的是父母节约的样子，也在不知不觉中养成了同样的金钱观念。

请想象一下住在集体公寓里，一家四口的样子。

工薪阶层的父亲每天早早从家出门，搭乘塞得像沙丁鱼罐头一样的电车，汗流浃背地来到公司。直到傍晚，一天的工作终于完成，依依不舍地拒绝上司或者同事、部下一起去喝酒的邀约，然后踏上回家的路。

另一方面，全职主妇的妈妈每天与家务活为伍，心里期盼着"我什么时候才能有自己的家"。为了这个目的勤俭节约。

在这样的环境下，看着父母辛勤的样子，必然形成的心理就是**"花钱要节约"**。从孩提时代开始，看到喜欢的玩具也只能隐忍不说。

中产阶级：父母皆为独身贵族，花钱无节制。

中产阶级，成长过程中看到的是父母消费的样子，也在不知不觉中养成了同样的金钱观念。

父母亲都是从单身的时期开始就领高薪。因此，会把同上司、同事或者部下一起喝酒当成正常的交际。休息日的时候还会去打高尔夫，如果较长的假期还会去国外旅游。

自己的吃穿用度基本上都是名牌。有什么想要的东西，毫不犹豫地就出手买下。

上述这种在单身时期就花钱如流水的男女，婚后也不会改掉这个毛病。所以中产阶级的家庭一般都是双职工，因为他们不想自己婚后的生活水平低于单身时期。自然，无论是跟同事一起喝酒聚会还是去海外旅游，他们都还是很积极热衷的。

他们有自己的房子，或者郊外的一处房产，或是离公司较近的公寓。真是十分富裕的生活啊。但是，他们买房的钱差不多是全额贷款，基本没有自己的存款。

中产阶级就是自己喜欢的东西无论如何要买到手的一群人。他们的薪水基本都用来消费了，几乎没有储蓄。因此，在进行金额较大的交易时，就不得不依赖贷款。

那么，中产阶级的夫妻所生的孩子们是怎样的呢？

双职工父母把孩子送去托儿所。请想象——每天早上，父亲把孩子送去托儿所；每天晚上，母亲把孩子接回家。

然后，不顾孩子意愿，把他们送去私塾或者技能补习班。

在这种环境下长大的孩子们自然学习到的就是"钱是用来花的"。

超级富豪：受热衷于资产管理的父母们的影响更大。

超级富豪，成长过程中看到的是父母让钱生钱的样子。

超级富豪的父母多数情况下，是某一家公司的所有者或者是私人医生等，所以他们生活富足。

那么这么一大笔钱，究竟是怎样合理使用的呢？

事实上，这笔钱的一大部分并非用于消费，而是用于**投资和理财**。

这些超级富豪们绝对不会像中产阶级一样花钱如流水一般冲动消费。

这些超级富豪们**在进行消费的时候是非常严苛的，**只有当他们觉得"这个东西是非常必要的"时候，他们才会愿意支付这笔钱。

但是如果他们觉得这个东西对我来说是一种激励、一种促进，他们就会当机立断。消费导向的中产阶级对投资往往是消极的，但超级富豪们的态度却是截然相反的。

如果他们手头有盈余资金，那么毫无疑问地会用来投资。

我们经常会说：钱，辛勤劳动的产物。

但是，超级富豪们却不会如此单纯的思考问题。

当然了，本职工作就是本职工作，他们一定会努力而出色地完成。但是，如果把自己挣到的钱就那样原封不动地存在银行里，他们会感觉到这是莫大的浪费。

比如他们的手头现在有一亿元的盈余资金。如果把这一亿元，全部以定期存款的形式，存进银行，存期一年，那么获得的利息也只有 25000 元（假设银行的利率是百分之 0.025）。

这时候他们通常的想法就是，我想更加有效地让钱生钱。

所以这种情况下，**他们会尽可能地减少银行储蓄，而把财产用来投资。**

但是，为了减少投资风险，他们会将资产进行分散，比如说房地产50%、股票30%、现金或者存款20%。同理，当他们在进行房地产或者股票投资的时候，也不会拘泥于某一产品或者某一支品种，他们会选择很多投资对象。

另外，即使他们买回的是一处房产，他们可以用它建公寓，也可以建停车场，甚至借给其他人！然后自己从中收取租金，这个由房产衍生的盈利机制就这样形成了。

我们再来看看股票市场，他们最常见的做法就是买入在当时价格总额高的大型股票。这些股票往往流动性强、收益率高。他们并不指望短期的股票倒卖而获利，他们相继购入股票把股票作为一种资产而长期保有。

如果孩子是在这样的环境下长大，那么在他们眼里自然而然地就会认为"钱就是要不断生钱"。

★ 重点：切身体会"钱生钱的感觉"。

武器 5　超级富豪就餐时一定索要发票

普通人在餐厅就餐的时候会索取收据；中产阶级在餐厅就餐时什么都不会要；超级富豪在餐厅就餐时无论谁在身后排队等候都会索要发票。

接下来让我们来看看大家在餐厅用餐时索取发票的方法。

这几种人对于发票的思维方式也因日常生活情况而异。

普通人：为节省，一定会索取收据。

普通人在餐厅用餐时会索取收据。

一般情况下很少外出用餐的普通人也会在一些特别的日子里去餐厅用餐。所谓餐厅也不过就是离家比较近的小型家庭式的餐馆。

来到餐馆以后，孩子们想吃的菜是不会点的，自己想饱餐一顿但价格在超过人均 2000 元的基本上也都不会点。

他们愿意花更多时间在饭店里用餐。

这是为什么呢？因为他们只能偶尔下馆子，那么既然来了就要充分享受这种在餐厅吃饭的乐趣。

付钱这个角色，一般都是母亲扮演。

如果是一个四口之家的话，通常消费人均 1500 元以内、合计大概 6000 元左右。

母亲在付钱的时候会索要收据，然后计算到底支出了多少钱？为了能够最大限度地节省开支，她们对钱是非常敏感的。

中产阶级为了享受用餐气氛不要收据。

中产阶级在餐厅用餐时什么都不要。

中产阶级会去什么样的餐厅呢？

通常是时髦的法国或者意大利餐厅。

即使结婚了，也不想降低生活水平的中产阶级们，往往会选择环境更好的餐厅。

但是，他们也会将与同事去的餐厅和与家人去的餐厅明确的区分开来。

比如说一些非正式、很休闲的店就是在工作之余和自己的前辈、同事、部下一起去的；如果是高级餐厅，那么就是和自己的妻子或者丈夫在纪念日的时候去的。

无论哪一种，都需要事先预约。

到店里以后就可以既时尚又优雅地享受美食的乐趣。

那么，当他们去法国餐厅用餐时，会怎样做呢？

因为餐前已有预约，餐厅就会按顺序上菜。即使来到店里之后一言不发，菜品也会一一上齐。但是也会有拜托店员帮忙推荐红酒，或者说完全不知道这道菜是什么的情况下发生。

这是因为这些中产阶级只醉心于在豪华场所吃饭的感受。

用餐结束，到餐厅前台买单，付钱之后他们通常不会跟餐厅索要收据，而是会尽快地离开餐厅。

因为在他们看来，跟餐厅索要收据是没有任何意义的。

超级富豪：刷卡支付并索要发票。

超级富豪们在餐厅用餐后会索要发票，无论是谁排在自己身后等候结账。

超级富豪们在餐厅吃饭，可能是和家人一起庆祝纪念日，但是最多的还是和朋友们聚餐，所以他们会选择商务型餐厅。

他们基本上不会选择从前不知道的餐厅。他们在选择用餐地点的时候，往往倾向于选择那些比较熟悉的。因为在这样的地方用餐更自在和方便。

而被选中的店也一定具有某种特色。

比如"每天只接待三桌"，这种比较有惊艳感的店。

有的则是店里非常安静。客人们大多会从心底里想要来这里用餐。

为了仔细计算经费支出，发票是必须的。

让我们看一下超级富豪们去日料店用餐的情况。

首先，这些店都处在不抢眼的地段，是超级富豪们在宴请重要客人时才会选择的地方。

店里配有单独隔间，十分安静，偶尔还会传来竹筒敲石的声音。

菜品就全权委托给店主，这些菜的原材料用的都是当季最新鲜的蔬菜。

虽说是全权委托，但是他们会经常光顾这里，所以，对于出品的菜肴，他们从不会担心。

至于酒水，超级富豪们也会严格选择日本酒或者烧酒，而且会在餐前准备好。或者询问宴请对象的喜好来事先准备好他们喜欢的酒水。

用餐结束，买单。

超级富豪们在买单时不用现金，而用信用卡。因为他们看来，这是一种更加智能的支付方式。

同时也一定会索要发票。**因为这些都是交际或者接待经费。**

对于这一行为，超级富豪们从来都不觉得这是一件难为情的事情。

超级富豪们是在充分考虑了后续事务的基础上买单的。

★ 重点：不介意他人眼光，索要发票。

武器6　超级富豪在意银行这 108 元加班手续费

普通人，不清楚什么时间要花这 108 元；中产阶级，对这 108 元完全不关心；超级富豪，理解并关注什么时间要花这 108 元。

108 元，指的是银行的加班手续费。

基本上，正常工作时间指的是工作日早上 8:45 分到晚上 18:00。

所谓加班时间，就是上述工作时间以外的时间。

比如，如果在加班时间利用银行的 ATM 取钱，就需要缴纳 108 元的手续费。这就是所谓的"加班手续费"。

普通人，不理解什么是加班手续费。

普通人，不清楚这 108 元要花在什么地方。换句话说，他们并不知道加班手续费是在什么时间段收取的。

因此，当他们取钱之后意识到自己被加收了手续费，那么心理就会想：下次要在银行工作时间内去 ATM 机取钱。

但是，随着时间的推移就会忘记这件事，然后就会重复上述情况。

顺便说一下，他们中还有一些人会选择每个月的 25 日，或者银行的繁忙日去银行取钱。

因此，就不得不长时间排队等候。甚至有从停车场就开始排队的情况。先是等停车，接着是在 ATM 机旁边等待取钱。不知不觉中，就会产生"在 ATM 机前排队就应该是理所当然"的错觉。

中产阶级，便利性优先。

中产阶级，对 108 元完全不关心。

对于中产阶级来说，只要自己的需求得到了满足，根本不在乎是否花了手续费。

对于中产阶级来说，重要的是便利性和效率性。因此，他们不会为了取钱特意去很远的银行，只会在周围找最近、最方便的银行。

所以，对他们来说**最经常利用的就是便利店的 ATM 机。**

去便利店买饮料和零食这些日用品的空档，就用到了ATM 机。

同样是便利店，不同公司也不尽相同。比如有一些即使在银行的工作时间内也要收取 108 元的手续费。等到工作时间外，就要再加收 108 元。

但是，中产阶级们却是完全不在乎的。

当然，他们原本就知道，在银行工作时间外取钱是要被加收手续费的，但是他们对此并不介意，只会根据自己的需要，随时利用 ATM 机。

超级富豪：坚决抵制无端支出。

超级富豪，理解并关注这 108 元要花在什么地方。

超级富豪对加班手续费非常敏感，很是在意。因为他们会很认真地思考这笔手续费对自己来说是不是值得，如果不值，他们是不会支出的。

对于超级富豪来说，加班手续费并非必须支付的。因为他们完全可以在银行工作时间内去 ATM 机取钱。

事实上，去银行取钱应该避开银行高峰期，比如每月 25 日、月初或者月末。一般情况下，在普通员工工资发放的日期之前，银行是相对空闲的。

超级富豪们不喜欢在排队上白白浪费时间。

绝不会忘记存折记录。

超级富豪取钱的时候会同时携带银行卡和存折，以便在存折上留下存取记录。

普通人或者中产阶级基本上不会带存折去取款，超级富豪却会带着存折一起。

这是因为，取钱之后如果见不到存折上的存取明细，他们会不安。

同时，他们也受到了一种心理驱使——想亲自确认，如果在银行的工作时间内利用 ATM，则不应该收取手续费——这一事实。

对于拥有巨额财富的超级富豪们来说，区区 108 元的加班手续费也许只是九牛一毛，但是"虽然只有 108 元，但也是 108 元"。他们非常在乎，认为不应该或没必要的开支，即便是 1 元，也不花。这就是超级富豪的花钱原则。

利用便利店里的 ATM 机的攻略。

原则上，超级富豪是不会用便利店的 ATM 机的，原因前文已经提到，因为要缴纳手续费。

但是，也会有例外。

如果利用与便利店有合作关系的银行发行的银行卡的话，某些时段是可以免除手续费的。

所以，当他们务必在周六取出一笔钱时，他们也会查找这种免除手续费的便利店里的 ATM 机。这又是为什么呢？因为周六银行的 ATM 机是要收取手续费的。

　　超级富豪们对这一类的事情可谓是了如指掌，灵活运用。这是他们对金钱心存感激的表现。

　　★ 重点：清楚地知道"嘲笑 108 元的人会为 108 元哭泣"。

武器7　超级富豪随时随地都在学习

普通人，没有学习"金钱课程"的意识；中产阶级，虽然认识到有必要学习"金钱课程"，但是总以没时间为借口；超级富豪，随时随地都在学习"金钱课程"，时刻在寻找投资机会。

虽然都叫"学习"，但是主题却纷繁多样。本部分中，我所说的学习特指"金钱"方面的学习。

学校是不会教授"金钱"这门课程的。所以，与金钱有关的学习基本靠自学。

让我们来看一看大家都是怎样进行"金钱学习"的吧。

普通人：惧怕投资和活用资产。

普通人，没有学习"金钱课程"的意识。因为他们从小被告知的就是：钱是用来节约的。

所以他们所知道的也就仅限于"银行存款"和"普通活期存款"。因为把钱放在自家橱柜里，被小偷光顾就会很麻烦，所以**把钱存进银行也只是出于安全考虑**而已。

普通人不会"运用"资产。提到"运用"他们的感觉还有可能是"惧怕"。

此外，他们也不会尝试相对来讲比较安全的定期存款和国债。这是因为定期存款就要求资金在一定年限之内被固定在银行，不能随意提取。他们很担心如果有什么突发情况需要用钱自己却拿不出钱来。

所谓"国债"，就是国家发行的向社会各界借贷的凭证。众所周知，国债的收益略高于银行活期储蓄和定期储蓄。但是，因为还没有来得及详细了解更多商品属性，**警戒感就已经先行苏醒**，所以也就不会购买国债了。

从上述论述可以看出，普通人的金融资产中手头现金和活期存款占了一大部分。

甚至，有些人即使有了盈余资金，所期待的也是能够把住房贷款尽快还清。自然也就离活用资产越来越远了。

中产阶级：一贯地不甚努力，敷衍了事。

中产阶级，虽然认识到有必要学习"金钱课程"，但是总以没时间为借口。

中产阶级在利用资金的时候，他们往往考虑的是，如果我能够赚出一顿酒钱那么就是一件很令人高兴的事了。

所以他们一旦有了盈余资金就会从自己的银行账户中把钱取出，由活期改存定期，存期一年。

然而往往事与愿违。100 万元存一年定期利息只有 200 元。（假设银行利率是 0.025%，税后。）

虽然他们知道日本的存款利率很低，却没有想到会低到这一地步。于是他们开始思考，有没有能够替代定期存款的其他理财方式？

现在就让我来给大家介绍一下中产阶级们典型的行为方式。

他们下班之后会来到附近的书店，走到资产管理书籍专区，然后选择一本《股票入门》，迅速买入。**但是他们的行为就止步于买书这件事，回去以后根本就不会读。**

接着就会这样想：我实在没有时间啊！就算不读那些书我也可以的。

于是在证券交易所开了一个账户，买入某一家公司的股票。刚开始的时候，能够很容易盈利。但是这家公司所发表的决算表中显示，他们今年的业绩会比预想中要低。

在第二天的报纸上也刊登了这则内容，但是这则消息只占了报纸版面的一小部分。不幸，中产阶级们没有看到。等到午休的时候，他们用手机查看自己的股票信息时，才注意到自己购入的股票已经大幅下跌。

这个时候中产阶级们会这样想。

股票价格应该很快就会反弹，我还是再坚持一下吧！

但是股价从那以后都在逐渐下跌。想要涨回买入价基本上是不可能的。可想而知结局就是亏损。

即使有这样的惨痛经历他们也不会反省，还是会以没有时间为借口，以后也不会学习有关理财的知识。

超级富豪：理论与实践相结合，磨砺自己的投资技巧。

超级富豪们随时随地都在学习理财知识，寻找投资机会。

他们非常理解，如果想要做好理财，实现盈利，就必须进行相应的学习。

但只是一味的学习，钱也不会生钱，所以只有在学习的同时，加以实践才能够实现理财的目的。

很显然，他们也清楚，仅仅靠银行存款是不会增加多少利息的。所以他们不断地寻找股票、债券、房地产、银行储蓄等，各种各样的投资机会。

另外，他们还会考虑资产的比例关系。他们的资产构成并非只有股票和储蓄，还会有债券和房地产等资产，从而保持良好的平衡。

他们把房产作为一种资金源而长期占有。因为房产可以产出固定收入，比如租金。不过，当经济市场景气时，那么他们就会增加股票的持有量，而减少债券的持有量。反之，则会减少股票的持有量，增加债券。

他们总是定期进行这种资产比例的调整。

那么，超级富豪们是如何知道这些事的呢？

很显然，这就是从日常学习中积累而来的。这些超级富豪们阅读与投资相关的书籍，掌握一切与之相关的基础知识。然后对照书里所说的情况将自己的资产进行分散投资，就是这么简单。

金融市场也是有生命的。所以，超级富豪们每天都会认真观察日本经济和世界经济的走向，以及某些企业的业绩和新产品的开发情况。

★ 重点：学习加实践才是硬道理。

武器 8　超级富豪购买 2000 元以上的引进版经管书

普通人，购买 700 元以下的经管周刊；中产阶级，购买 1500 元以下的经管书籍。

大家在逛书店的时候都会买什么书呢？

书店里陈列着各种各样的书籍。

让我们以商务类书籍为例，探讨一下这三类人的行为方式。

普通人去书店打发时间。

普通人，买 700 元以下的商务周刊。

他们到了书店，首先就会走到杂志专区，随手翻阅周刊或者月刊，同时物色自己要买的杂志。

对他们来说，去书店只是一种消遣，基本不会买书，更不会去商务书籍专区。因为在他们看来，**商务书籍难于理解。**

但是也有例外。就是当书里有自己感兴趣的特辑的时候。

比如，某期商务杂志里有"住宅贷款特辑""补习班特辑"

等，这些与他们房产或者子女教育息息相关的专栏时。如果他们看到杂志封面上有这样的字眼，就会迅速地找到这本书。然后，翻到指定页数，如果报道里有有价值的信息，他们就会买下这本书。

另外，当他们认为某一本书里刊登的报道是他们所能理解的，他们也会考虑买下这本商务杂志。预算是每册 700 元左右。如果超出预算，也就搁置再议了。

中产阶级，买不买取决于价格。

中产阶级，购买 1500 元以下的商务书籍。

他们来到书店后，首先浏览的是一般杂志区，接着是时尚或者其他自己感兴趣的区域，整体浏览一遍之后，来到商务杂志专区。

他们在商务杂志里面物色好看的周刊或者月刊，发现有意思的题目就翻到那一页浏览，如果觉得很感兴趣就会买下。

随后，他们会来到商务书籍专区。

所谓商务书籍专区，分类摆放着"经济""经营""投资""自我启发"等专题。

那么在这个场景下，中产阶级们会做些什么呢？

举个例子，他们想找一找有没有关于"解决问题"这一类的实用书籍。

他们往往会边看书的题目，边随手翻书找到有这一主题的书籍。如果运气好的话，恰好能找到自己想要的书。

再核对一遍主题，确认正是自己想要的，决定买下。翻到书的封底，确认价格：不含税 1500 元。心下一松，连同之前选定的商务周刊一起结算。因为这本商务书籍低于 1500 元，所以中产阶级才会买下。如果价格超过 1500 元，他们可能就不会买下了吧。

中产阶级购买商务书籍的心理价格上限就是 1500 元。

超级富豪：把与好书的邂逅变成商机。

超级富豪，购买 2000 元以上的海外商务书籍译本。

超级富豪们基本不会去看商业杂志。因为**商业杂志需要定期订阅。**

如果不是定期订阅的话，只需要在杂志发行日，在报纸等广告上浏览杂志标题，看到感兴趣的便买下来。

在书店里买商务书籍通常是一件很耗费时间的事。所以他们一般每两周或者三周会逛一次商务图书区。

他们买的书通常不止一本。更多时候是一起买几本。

他们碰到想买的书根本不会犹豫。因为他们明白：如果不买这本书，可能会错失成长机会。

知晓书的"价值"。

超级富豪们明白：高价书自有相应的价值。

价格贵的就是译制书籍。

译制书籍需要耗费更多心血和精力。因为海外出版的书籍想要在日本出版上市，（日本）国内出版社必须先联系并取得版权，然后再聘请专业翻译人员翻译成日语，最后才是在国内编辑出版发行。

当然，因为版权和翻译费用的原因，书籍的价格会提高。但是即使这样出版社还会坚持发行译制本的行为，也充分说明了这本书有发行的市场价值。

超级富豪们十分理解这一点。即使译制本售价 2000 元以上，他们还是会觉得：**这本书对我来说非常重要，要毫不犹豫地买下，不会过多的考虑金钱。**

此外超级富豪还会这样考虑：

"是不是因为价格比较高，买的人就会更少一些，如果这样的话，这本书就可以成为重要的情报来源，也许这本书就会成为抓住新商业机会的契机。"

超级富豪们不正是这样不断将书本中所学到的知识用于实践，才建立起自己莫大的财富帝国吗？

就是因为超级富豪们可以深谋远虑到如此程度，所以他们才会出高价来买书。

★ 重点：高价书里才有更有价值的情报信息。

武器9 超级富豪买东西之前会看价签

普通人放弃看价签买东西；中产阶级买东西不看价签；超级富豪们会堂堂正正地看价签，觉得有必要才会买。

大家在买东西的时候都会想些什么呢？

我想大家最在乎的应该就是价格吧！换句话说就是想买的东西的价格。

那么这三种人在价签前都会采取怎样的行动呢，让我们一起来看一看吧！

普通人在看到价钱的那一瞬间就觉得自己要做什么。

普通人在看了价钱之后，基本上就会放弃购买行为。

对普通人来说他们虽然有很多想要买的东西，然而那些**想买的东西往往买不起**，所以**他们买下来的东西必须同时满足两个条件。**

比如一个已婚男性想买一件衣服，那么他会怎样做呢？

在某一个休息日的傍晚，这个男人和家人一起出门购物，他们走进了一家超市。这家超市不仅仅卖食品，还卖衣服。

妻子买食材的空当，男人觉得无所事事地跟在妻子的身边很浪费时间，于是他就来到了服装区。

眼看着自己穿了很多年的西装已经变得破旧，也该是时候买一件新的了，男人这样想。

此时恰好有一件他喜欢、而且尺寸也非常合适的西装。于是他想不如就买下来吧！然后他就看了一下价签，差不多4万元。于是他失望地垂下肩膀离开了。

就像上述案例这样，看了价签的普通人基本上就放弃了购买行为。

中产阶级不看价签直接买单。

中产阶级的消费欲望很强烈，他们自信有能力判断出产品所匹配的价格。所以只要是在自己购买能力范围之内的产品，他们都会毫不犹豫地够买。

那么让我们来对比一下中产阶级和普通人的消费行为。

首先，中产阶级会专门到服装店买西装。某一个休息日的下午，中产阶级来到名牌服装店而非超市。

中产阶级为了使自己不逊色于在职场上所遇到的客户，所以他们不断地增加着自己西装的款式。

这一天也不例外，他们物色着适合自己的西装。

来到店里，发现了一件自己喜欢的西装，试穿后发现尺寸也刚好合适。裤子也只需要修理下摆就没有问题了。

于是中产阶级就直接拿着西装去买单了。

店员将价签扫描，在收银台处显示金额：含税十万元。于是，中产阶级用信用卡买单。

直到自己买单结束这段时间之内，中产阶级都不会看西装的价签。

因为他们心里想的是：即使这件衣服的价格超过了自己所预估的，那么也可以用信用卡买单，所以没关系。

这样的行为**乍一看，可能觉得很聪明**。

但实际上完全不是。

他们真正的心理价位是 6 万元，但是在听到其实是 10 万元的时候，其实他们的内心也是动摇的。

但是他们害怕自己一旦表现出来，就会被店员所耻笑，所以他们装作很平静的样子。

超级富豪：看了价签之后再仔细选购产品。

超级富豪们会堂堂正正地看价签，觉得有必要才会买入。

接下来，让我们看一下超级富豪们购物时的场景。

超级富豪们和中产阶级一样，选择专门的服装店。

但是却又有所不同。

首先是时间上。

超级富豪们会选择在周一到周五店里比较空闲的时间，因为双休日商店里总是人多混杂，所以他们选择**悠然自在的工作日选购**。

弹性的思维和慎重的判断。

某一个工作日的午后。超级富豪来到服装店，走一圈之后，看中了两件西装。

对比了一下价格，一件15万，一件20万。

这时超级富豪会想：如果必须二者择一很困难的话，两件一共35万，一起都买下也是可以的吧。

于是来到收银台，付款，提货。

对于超级富豪来说，无论价值1万还是100万，只要他们觉得商品的价值高于价格，他们就会买。反之，则不会。

超级富豪在衡量商品是否具有标价以上的价值时，通常退一步仔细思考。实际上，购买行为从这里才真正开始。

在上述举例中，超级富豪买下了两件西装，是因为他们认定这两件衣服都物超所值。

　　超级富豪们选购西装的时候，绝对不会被"这两件衣服到底该选哪一件呢？""虽然很想买，但是太奢侈了""趁着打折快点买下来吧"，这类的问题困扰。

　　★ 重点：一定要在比较过商品价格和价值之后再做决定。

武器 10　超级富豪选择商务舱出门

普通人，非常高兴从经济舱升舱到商务舱；中产阶级，即使很勉强，也要搭乘商务舱；超级富豪，即使可以乘坐头等舱，也会选择商务舱。

提到"商务舱"大家会想到什么呢？

恐怕就是去海外旅游或者其他什么活动坐飞机时，更高一等的舱位吧。

让我们来探讨一下这三种人面对"商务舱"的态度。

普通人，只有很偶然的机会才会搭乘商务舱。

普通人，非常高兴从经济舱升舱到商务舱。

普通人去海外旅游的时候，**考虑的都是如何使费用更低，所以通常预订的都是经济舱。**

但是，如果发生了以下的情况，他们会怎样呢？

海外旅游当天，全家人一起出发去机场。

通常搭乘国际航班都要在出发前两小时办理好登机手续。

但是由于用了太多时间作出发前的准备，到达机场的时候飞机已经要起飞了。

在机场窗口办理登机手续时，工作人员这样说。

"客人，您好！由于一些工作上的失误，经济舱已经满舱，我们将免费为您变更商务舱，请问您意下如何？"

这就是所谓的"双重预订"。

普通人听到这话，都会觉得非常幸运。

于是，这一行人便满足地乘商务舱到达了目的地。但是，归程就毫无疑问地是经济舱了。

中产阶级，因为自尊心选择商务舱。

中产阶级，即使很勉强，也要搭乘商务舱。

中产阶级多数是在公司工作的白领，如果有长时间的假期，他们经常会选择私人海外出游。

旅行归来上班时，还会给同事带礼物。

在大家分礼物，聊天的时候就会谈到搭乘飞机的话题。

这里，就有一个比较令人困扰的问题，那就是**必须守护自己的面子**！

中产阶级的朋友当然多数也是中产阶级。所以从朋友那里听到的往往也都是"坐商务舱去旅行"之类的话。

但是——因为自尊心的关系，"我是坐经济舱去的"这样的话他们是绝对说不出口的。即使很勉强，也要选择费用更高的商务舱。

超级富豪：从投入—产出比进行合理判断。

超级富豪即使可以乘坐特等舱，也会选择商务舱。

这是为什么呢？因为飞机有自身的收费体系。

一般情况下，正规航空公司的收费标准是：商务舱是经济舱的三倍，头等舱是商务舱的两倍。

这时，就要比较服务内容了。

虽然各个航空公司提供的服务有所不同，但是普遍来看商务舱办理登机手续时有专门的值机柜台，登记时可以走优先登机通道。

机舱内会放置饮品，餐点也是按照餐厅习惯一道一道上菜。用餐时间也是根据乘客意愿，随机应变的。

此外，商务舱的座位虽然不是所谓的豪华平躺式座椅，但是也可以自由调整角度，轻松舒适地度过整个旅途。

头等舱并没有所谓的"优越感"。

那么，头等舱又是怎样的呢？

相较于商务舱，座位是豪华平躺式座椅，飞机餐也更高一级，比如餐前饮料的选择更加丰富等等。

基于以上这些考虑，商务舱费用是经济舱的三倍还是可以接受的。

但是头等舱是商务舱的两倍，又是怎样的情况呢？

头等舱果真只有上述这些优点吗？

恐怕就难以理解了。

超级富豪海外旅游乘坐飞机时，从投入－回报比的角度考虑商务舱更加科学合理，所以选择商务舱。

超级富豪是绝对不会因为"价钱太高，所以不坐头等舱"。超级富豪搭乘过各等级的舱位，在这个基础上得出了搭乘商务舱更合理的结论。

超级富豪们搭乘飞机的时候，综合考虑投入－回报后才作出选择。

★ **重点：即使是乘飞机，也不忘考虑投入—产出比。**

武器 11 超级富豪花钱创造人脉

普通人，基本不知道什么是人脉；中产阶级，只是在同一公司中有人脉。

关于"人脉"大家都有什么看法呢？

让我们一起来看看普通人、中产阶级、超级富豪们的思维方式吧！

普通人，即使是普通朋友间的喝酒聚会都并不积极。

普通人基本不知道什么是人脉。

"人脉"用于表现人与人之间的关系。

换句话说，普通人讨厌与别人扯上关系。

在公司里，上司说："晚上一起去喝酒吧！"，普通人也多半会以"实在抱歉。我今天晚上有事，可以请假吗？"提前很久就预约好的饭局自然另当别论，通常他们都会拒绝这种突然的邀约。

为什么呢?

因为他们极其讨厌"变化"。

普通人从小看着父母勤俭节约的样子,在那样的环境下被抚养长大。所以对每天的支出都进行了规划。突然多出来的饭局,可能会增加预想之外的费用。所以,即使是来自上司的邀约,他们多数情况下也会拒绝。

饭局往往都是希望取得增进交流,为工作提供便利的效果。

但是普通人的头脑中往往没有这个意识。

普通人不能理解所谓"人脉"这个词语的真正含义,恐怕也有这方面的原因吧。

中产阶级:公司内部的沟通联系方面表现超群。

中产阶级,只在同一公司中有人脉。

中产阶级一般都是"公司里最受欢迎的人",即使是公司里计划之外的邀约,也乐意前往。

由于中产阶级收入比较充裕,所以他们可以租住在公司附近的公寓。通勤时间一般都在 30 分钟以内。所以,早上起床之后的状态也是最出类拔萃的。

这种生活状态下的中产阶级如果在临近下班的时候接到上司的邀约。即使是当天的饭局,答复也是 OK。

中产阶级虽然把公司内部的人脉关系看得很重，但是他们也有圆滑心机的一面。

"我现在负责很多工作，每天都加班，太累了。"为了把这种心声不动声色地传递给上司，他们会故意工作到很晚。

虽然上述这些小心思以玩笑告终，但是中产阶级也有一个巨大的缺点：那就是**没有公司以外的人脉资源**。

中产阶级基本不参加其他行业的交流会，所以和公司外部的人的联系也就很微弱。

超级富豪，广阔的人脉网络与"孤独"互为表里。

超级富豪花钱创造人脉。

大家理解这句话的意思吗？让我按顺序给大家说明一下吧。

很多超级富豪都拥有的一个共性特征就是——狼性。

举例来说，超级富豪的典型代表就是企业老板或者私营医生。他们拥有着莫大财富的同时，也品尝着孤独。

虽然医生身边有护士、医院职员，老板身边有很多部下，但自己身为领导，无论如何也不能在这些人中找到一个能毫无顾忌吐露私人烦恼的聊天对象。

虽然很令人意外，但是超级富豪们就是这样不断寻找着能够让自己毫无顾忌吐露烦恼、发表真实看法的聊天对象。

在其他行业的交流会上结实新朋友。

那么，超级富豪们在什么地方寻找这些人呢？

那就是其他行业的交流会上。出席与自己不同行业的交流会，扩展自己的人脉网络。

虽然统称为"其他行业交流会"，但是也千差万别。超级富豪们只会出席更高层次、更高品质的交流会。

所谓的高层次、高品质，对超级富豪们来说，就是参加行业交流会的费用更高。

为什么呢？因为他们认为**需要花钱才能参加的行业交流会参加者的层次更高**。如果是和自己层次相当的交流会的话，自己就可以和其他人倾诉烦恼、畅快聊天。

此外，超级富豪们觉得参加昂贵的研讨会也可以收到同样效果。有意识花高价学习的人，一定也是有思想的人。

超级富豪相信这些参加研讨会的人也可以针对自己的烦恼和想要商谈的事情给出切实可行的建议。

同时，如果其他人有同样的烦恼，那么他们也可以给出自己的建议。

通过参加这样昂贵的其他行业交流会或者研讨会，就可以和参加者建立起互相帮扶的关系，结果就可以结成一张更大的人脉网络。

超级富豪们多半是孤独的，所以他们用金钱创造人脉，用金钱寻找真正的谈心伙伴。

★ 重点：为了打造更好的人脉网络不惜重金。

Part 2 行动篇

体贴他人的同时，满足自己

武器 12　超级富豪先奖励周围的人

普通人，先奖励自己；中产阶级，先奖励妻子（丈夫），然后是自己；
超级富豪，先奖励周围的人，最后是自己。

所谓"奖励"，是针对努力或者成果所给出的。

大家听到这个词的时候，脑中浮现出了怎样的画面呢。

让我们一起来看看这三种人对"奖励"的思维方式。

普通人，给自己小奖励。

普通人会先给自己奖励。

比如，工作之后来一杯。

但是，普通人却不太会和工作伙伴一起喝酒。

通常都是，下班回家之后，晚饭时来一罐啤酒。

抱着"安安稳稳又一天"的心态，通体舒畅地畅饮。

普通人就是这样略带谨慎地，品尝着细小的喜悦。

但是，普通人这种**"奖励先给自己"**的强烈意愿，也是不争的事实。

比如，工作进展非常顺利的时候，他们奖励自己的"金额"也会变大。如果平常是一杯啤酒的话，这种略带兴奋的状态下，就是全家出去大吃一顿。

这种场景下的主角通常都不会是其他人，而是他们自己。

中产阶级，用一出精彩的表演，取悦自己的伙伴。

中产阶级，先奖励妻子（丈夫），然后是自己。

因为工作的原因，每天都是早出晚归，真正和家人在一起的时间很少。所以当妻子要表达对丈夫感谢的时候，通常都会选择在生日、结婚纪念日等等这些有纪念意义的日子会给对方奖励。

例如，在对方生日的时候会给出奖励，上演一出这样的精彩剧情。

预约一家提供法国料理这类的西式全餐的餐厅，搭配红酒，享受美食。

饭后，给对方意想不到的惊喜。

如果是女生，那么就准备鲜花；如果是男生，那么就会准备领带。

在满足了对方之后，再给自己以奖励。比如奖励自己一场旅行，或者给自己买一份礼物，奖励自己付出的努力。

如上所述，中产阶级用钱奖励同伴和自己。

超级富豪，从和自己关系不太亲近的人开始顺次奖励。

超级富豪，先奖励周围的人，最后是自己。

因为超级富豪们大多数是个体医生或者公司老板，所以他们有很大的共同点：

他们都带领着一个团队。并且，清楚地知道仅靠自己一个人是无法成功的。所以，公司老板会把公司职员看得很重要，个体医生会把护士和办公室职员看得很重要。

以公司老板为例。公司业绩良好，收入和利润持续增加。作为超级富豪的公司老板们，不会认为这是自己的功劳。他们会认为这是公司职员们为了达成目标努力的结果，没有他们的努力付出，就不会有这么好的成绩。

于是，超级富豪会**举办面向公司职员的年会或者发放奖金，奖励他们的辛勤付出**。而且还会在宴会上，主动带头向每个员工敬酒。这就是想要周围人开心的表现。

给予周围人奖励，除了想让他们高兴之外，还用一个更重要的原因，那就是加深同周围人的联系。

超级富豪们认为人与人之间的联系十分重要。

为了使工作可以顺利开展，超级富豪们认为和职员们保持沟通是非常必要的事。当然，日常的对话也非常重要，但是仅仅靠日常对话是远远不够的，因此，他们也会想各种各样的方式，从正面或侧面来与职员进行沟通。

个体医生的思维方式，也和公司老板们是一样的。为了加深和护士或办公室职员等等这些人之间的联系，会定期举办宴会等等。

超级富豪们，在把奖励充分给了周围的人之后，开始奖励自己的家人。平常因为工作繁忙等原因，疏于对家人的照顾，也没有能很好地对自己的家人表达感谢，所以他们每年都会抽时间邀请自己的妻子（丈夫）一起共进晚餐或者去看一场精彩的表演。

在奖励了周围的人和家人，并且得到了充分认可之后，他们给自己奖励。

在给自己奖励的时候，超级富豪们的选择都是**高价但不高调**的东西：

比如"手表""钢笔""圆珠笔"等等。任何一个都是别人不会轻易看出价格的。

若无其事地从高价衬衫的袖口处漏出若隐若现地手表，或者不经意间从衬衣口袋里拿出钢笔或者圆珠笔。

超级富豪们认为"让明白价值所在的人，知道价值多少就可以了"。

★ 重点：通过"奖励"来加深和周围人之间的联系。

武器 13　超级富豪不计回报地交朋友

普通人，与自己同年龄层的人交朋友；中产阶级，计较回报地交朋友；超级富豪，不计回报地交朋友，却回报颇丰。

朋友，是每个人生命中不可或缺的角色，但是交往方式却千差万别。

我们可以发现一些只有通过朋友这个过滤器才能发现的某些特质。

普通人，轻松至上。

普通人，与自己同年龄层的人交朋友。

对于普通人来说这样的交往方式，即使不特别用心，也可以顺利地交往下去。无论是大家约好一起去哪里游玩，还是一起去喝酒，因为年龄相近，所以聊天也变得轻松起来。

然后，气氛轻松愉快在某种程度上就意味着谈话没有深度和广度。

　　比如，同一年龄层的人最多提到的就是"上学时候做的事"。虽然很有意思，但是不会有新的发现。

　　但是，如果有不同年龄层的人加入，会怎样呢？

　　无论是年长还是年少的人，都可以通过交流学到一些新的知识。同时，这对对方来说也是一种刺激。

　　但是，普通人却不会这么想。

　　无论如何都只想和自己年龄相近、经历相近的人做朋友。

　　中产阶级，计算回报，友谊不长。

　　中产阶级，计较回报地交朋友。

　　让我们以下面的情景为例，一起来看一下。

　　在下班回家的路上，约朋友一起去喝一杯。

　　选了一家很普通的居酒屋。点了啤酒、毛豆，边喝边聊，好不畅快。点的食物慢慢上桌，两个人酒足饭饱。

　　时间一点儿一点儿过去，差不多该回家了。

　　叫店员来买单。看来了一下金额，两个人 8000 元。

　　中产阶级对朋友如是说。

　　"今天我是邀请你来喝酒的，让我来买单。"

　　就这样，中产阶级付了餐费 8000 元。

　　第二天收到了来自朋友的感谢短信。中产阶级在回信中约朋友下月再叙。

到了约定的时间。这次不是居酒屋这样的日式酒屋，而是一家意大利餐厅。

首先是葡萄酒，然后点了冷盘、披萨、意大利面等等。两个人彼此询问了近况，度过了一个优雅的晚上。

愉快的时间总是短暂的。不知不觉间到了餐厅打烊的时间。

"差不多该买单了。"中产阶级边说，边叫来店员。看了一眼店员拿过来的小票：两个人 1 万元。

这时，中产阶级对朋友说。

"我们 AA 制吧，每人 5000 元。"

朋友从善如流，付了 5000 元，然后走出餐厅。

和朋友分开之后，中产阶级心里这样想。

"以后再也不和这个人出来吃饭了。"

事实上，中产阶级期待朋友这样说。

"上次就是你请我，这次换我来请你。"

中产阶级这句"让我们 AA 吧"只是一句社交辞令。

结果就是，没能抓住中产阶级真实意图的朋友和中产阶级渐渐疏远。

超级富豪，充分考虑他人，不断加深友谊。

超级富豪，不计回报地交朋友，却回报颇丰。

例如，超级富豪约朋友餐叙。

两个人选择了一家日本料理店。两个人先喝掉了一杯啤酒，然后点了日本酒。开胃咸菜、生鱼片、烤肉等各种应季的菜肴陆续上桌。

最后是米饭和甜点。晚餐结束。

这时，超级富豪会借口去洗手间而离席，顺便去收银台买单。两个人3万元。超级富豪用信用卡买单后回到餐桌旁。

然后告诉朋友自己已经买过单了，于是两人稍作休息后离开日料店。

第二天，收到朋友的感谢短信，并约超级富豪下月再聚。超级富豪爽快地答应了。

经得住考验的聪明人的交往。

到了约定好的日子。这次是一家法国餐厅。

到店之后，先点了餐前开胃红酒，接着是餐前冷盘、浓汤、鱼，然后是主菜——扒类牛排、羊排，餐点很美味，两个人的谈话也是前所未有的投机。

甜点和咖啡上桌，晚餐结束。朋友离席去了洗手间。同时请店员结账。

看了小票，两个人四万元。朋友取出自己的信用卡，买单。

然后回到餐桌旁，告诉超级富豪自己已经买过单了。

朋友之间就是这样循环往复。

超级富豪们能自然地做到这些事。当自己主动邀约的时候，为了能让对方毫无压力、轻松地用餐，丝毫不会有让对方买单的意思。因为他们懂得充分考虑对方的心情。

★ 重点：自己从不要求回报，却也从不会遭受损失。

武器 14 超级富豪与自己一样优秀的人为友

普通人，嫉妒比自己地位高的人；中产阶级，将其他中产阶级视为敌人；超级富豪，与超级富豪做朋友，共同成长。

....

有一种说法是，敌人的存在让自己成长。

但是，真的是这样吗。

让我们来看一下这三种人各自的看法。

普通人，嫉妒心演变出负效应。

普通人，嫉妒比自己地位高的人。如果有什么事是自己做不到的，他们一定会找各种借口，将其合理化。

比如，如下案例：

某人，40 岁，负责公司营业方面的业务。同一批进入公司的同事中有人已经晋升为课长 ①，但是他自己却还是一个普通

────────────

①课长，部门主管。日资企业中，具有独立管理职能的科室或部门被称为"课"，

的员工。

他所在部门的课长，因为成绩突出，被提拔为其他部门的部长。随后，新任课长也被选定。新任课长因为在美国纽约分公司成绩斐然而获得高度评价。

几天之后，新课长到任。在新课长的就职演说进行到一半时，听到了这样的声音——来自于自己身边的同事。

"听说新来的课长是实干派呢。"

"据说他在纽约分公司开拓了新的证券交易所，所以成绩斐然呢。"

"知道他多大年纪吗？"

"不知道。"

"据说才35岁。"

"哎！那么年轻啊！"

这时候，这个作为普通职员的普通人就会这样想。

"课长竟然比我还年轻5岁，我和他究竟有什么差别呢？"

所以，从这一天开始，即使明知道新任课长的指示是正确的，**也还是会做出一些负面的行为。**

其部门主观被称为"课长"。课长作为企业中层，享有监督职能。根据各企业中课的大小不同，管理权限以及管理人数也会有所差异。一般在日企中会有类似于"营业课长""会计事务课长""总务课长"等。——译者注

明明比我年纪小，地位却比我高。而我不得不听从这样的人的指挥。在现实层面上，是无法忍受的。

可见，普通人在嫉妒比自己地位高的人这个问题上，有更明显的倾向性。

中产阶级，视同一阶层的人为眼中钉。

中产阶级将中产阶级视为敌人。

中产阶级之间总是保持着敌对状态，都希望自己能够比对方更早出人头地，勃勃野心也呼之欲出。

比如，我们假设前文提到的纽约分公司回来的新任课长是一位中产阶级，我们又会看到什么反应呢？

之所以能够在 35 岁就担任课长，扮演公司的中坚力量，都是因为他个人顶级的实力。

但是，他也有很强劲的对手。这就是与他同一批进公司，现在担任其他部门课长的 A。A 曾经在伦敦分公司取得优异成绩。

两人在进入公司的初期，就是不可忽视的存在。在与彼此的竞争中，实现了成绩的积累。现在也保持着竞争关系。比如，其中一个人整理了一份大型案件，那么另一个人也会做出同样规模的案件。彼此毫厘不让。

对于公司来说，两人的竞争关系带来了一种倍数效应，对公司发展起到了积极地推动作用。

但是，对于当事人来说，又是怎样的呢？

在公司基本看不到他们的朋友。刚入职时，一起聊天、一起喝酒的日子不复存在，现在在公司里双方甚至连对话都没有。

因为中产阶级渴望早日出人头地的愿望太过强烈，所以他们**将有能力的中产阶级视为敌人。**

超级富豪，互相之间的技能和经验（的分享）孕育了友情。

超级富豪和超级富豪做朋友，共同成长。

超级富豪中大部分人社会地位很高，他们彼此都是基于对对方优点的认同而成为朋友的。

所以，彼此成为朋友后，联动一起开辟新事业的案例也屡见不鲜。

比如接下来的例子。

某制作公司的创业老板去参加一个企业经营者的聚会。

咨询行业的 B 也参加了这个聚会。B 本身也是一个超级富豪。

偶然的机会两人同桌而坐，意气相投，相谈甚欢。于是，1一个月后 B 去拜访了这个超级富豪的公司。

当天，超级富豪带 B 参观了公司和工厂。作为回馈，B 从咨询的角度对该公司的优劣给出了说明。

超级富豪觉得 B 给出的指摘和评价非常精准，有醍醐灌顶之效。于是与 B 的公司签订了咨询合同。

几天之后，超级富豪去拜访了 B 的公司向 B 公司的员工作一场演讲。B 在问及超级富豪创业期间的辛苦时，有感于超级富豪的真挚，所以特请他来作演讲。

在这之后，两人也保持着持续的交流。

这是因为，超级富豪们都有意识地希望彼此能够成为朋友，共同成长。

★ **重点：认同彼此能力，创造更多商机。**

武器 15　超级富豪在特定商店买礼品送人

普通人，接待时没有赠送礼品的意识；中产阶级，在出差地车站买礼品用作接待礼品；超级富豪，在特定商店买礼品用作接待礼品。

这一部分，我们来讨论一下礼品这个话题。

从中可以看出这三种人接待他人时用到的礼品的特征。

让我们一起来看看他们的思维方式。

普通人，按照既定顺序准备接待。

普通人接待时赠送礼品的意识。

也不会主动说出："让我们招待一下客户吧！"这样的话。不得不说，普通人缺乏主动接待的意识。

在碰到和接待有关的工作时，恐怕他们是这样想的。

只有当上司（部长或者课长）指示自己"我们想在 × 月 × 日接待 ×× 公司，你来跟对方的负责人协商一下时间"时，他们才会开始准备接待工作。

接待的地点一般选择日本料理店。通常都是割烹料理①。

跟店里预约好时间后，将情况报告给直属上司。在取得上司首肯后，联系对方公司的负责人，通过邮件告知对方餐叙场所和该店的主页和地址。

接待当天。请客吃饭，万事大吉。

看起来很简单的样子。当然，也不会有互赠礼品的环节。

中产阶级：礼品是接待的不在场证明。

中产阶级在出差的车站买小礼品用作接待礼物。

准备工作的顺序上，中产阶级和普通人一样都是先预约餐厅。但是对待小礼品的态度却大相径庭。

中产阶级出差时，通常会在当地车站买一些礼品。仅仅这一点，也可以看出中产阶级更为用心。

如果出差回来的日子和接待的日子相差不多那固然好，但是这样"刚刚好"的事情却很少发生。因此，买一些耐存的东西就成了他们的自然选择。比如点心之类的。

礼品都是在餐叙结束时赠给对方的。

对于中产阶级来说，送给客户的礼品中隐含中一种"递"

---

① 割烹料理，传统日本料理的一种，例如怀石料理。——译者注

的意味。

因此，选择礼品时也就不必太用心。但是，他们却也认识到：接待时如果没有礼品，**场面看起来终归不那么好看**。

此外，在出差地车站买的礼品相较于在当地买的礼品显然更有诚意。出于这种考虑，也就不会再有什么讲究了。

超级富豪，从事前准备到接待结束，每一环都不会撒手不管。

超级富豪们往往在特定商店买礼品用作接待礼物。

让我们共同看一下超级富豪接待时的场面吧！

首先，确定客户的时间。假定是两周以后。

超级富豪接待时，让对方高兴的愿望比其他人更为强烈。为了实现这一目的，我们应该怎么做呢？在准备接待的这段时间里，他们满脑子想的都是这个问题。

礼品，就是这种努力的产物。超级富豪在选择礼品的时候，认真考虑了每一个人的需求。

他们买的礼品，往往投其所好。比如，如果那位客户部长喜欢吃辣的，那么他们就会买老字号的烹饪调料，如果喜欢吃甜的，那就买日式点心。

赠送礼品的时机也很绝妙。

赠送礼品的方法也是含有智慧的。

比如，最好的接待时间是 19 点。他们往往会提前 30 分钟，在 18 点 30 分就到店里。

接待时选择的餐厅一般都是平时经常来的。因为这样的地方，他们可能已经跟老板娘熟识，能够获得某种程度上的通融。所以，他们便可以将礼品先放在店里的"隐蔽地点"。

等到接待对象来了之后，餐叙就可以正式开始了。

在融洽的氛围中，时间就这样一点点过去。当餐叙进行到尾声的时候，超级富豪们心想：差不多也该到了赠送礼品的时候了。

于是他们借口去洗手间暂时离席，准备好礼品。同时，用信用卡买单。

然后，在餐叙结束时，对方准备离开店里的时候，送出准备好的礼品。

不会过分强调礼品。

这就是超级富豪们赠送礼品时的样子。无论这份礼品有多贵重，他们都不会将其表明。只有当对方主动问起的时候，他们才会告诉对方。

比如，如果这份礼品是在老字号里好不容易才买到的烹饪材料。当对方问及包装里面是什么的时候，也只是轻描淡写地说："就是些调味料而已。"

但是，只要看到了包装纸，也就大致可以猜到里面的东西了。

对方一定会被这样细微之处的周到而感动吧！

★ 重点：选择礼品时，每一个都用心挑选。

武器 16　超级富豪在旅行时一直兴致满满

普通人，满足于到达目的地之前的移动；中产阶级，到达目的地之前已经倍感疲惫；超级富豪，到达目的地之前和之后都兴致满满。

所谓旅行，就是离开现在的居住地，放松自己的绝佳机会。

旅行途中有很多放松自己的方式，让我们来看看那其中的不同吧。

普通人，在感受到旅行的醍醐之趣之前已然万分满足。

普通人满足于到达目的地之前的移动。

比如，从东京市区里乘车去热海泡温泉。从家里出发进入首都高速，驶向东名高速东京入口（IC）。

普通人仅仅在高速上开车，就已经体会到了不同以往的快感，仅仅这样就非常满意了。

普通人的旅行通常都集中在双休日、黄金周、盂兰盆节[1] 和正月，而这时通往景点的路通常都是拥堵的。

但是，他们并不在意这些事。他们认为这些都是理所当然的。

而且还能够在去往目的地的途中在服务站或者休息区小憩片刻。甚至能够在这些商店里买法兰克福和炸薯条都是一件令人开心的事儿。

到了目的地之后，普通人在入住旅馆的那一刻便觉得无比满足。因为他们觉得自己从家出发开始在路上已经体验到了人间百味。

中产阶级，疲惫于这样的家庭服务。

中产阶级，到达目的地之前已经倍感疲惫。

中产阶级的公司里有很多员工，所以他们的旅行也和普通人一样选在双休日或者黄金周或者盂兰盆节和正月。

其实他们的本意是想趁着难得的休息日**在家里好好放松一下**，但是迫于妻子（丈夫）和孩子的压力，不得不出门去。

想象一下他们一家人从东京市区内自驾到热海泡温泉的场面。旅行是两天一夜，于是他们周六上午自驾从家出发。

---

① 盂兰盆节，农历 7 月 15 日，道教叫中元节。——译者注

经过短暂的行驶，他们上了高速。相比于下午，上午的首都高速车行相对顺畅。即使开始，也不会觉得很焦躁。

下了首都高速之后，来到了东名高速的东京 IC。通过收费所之后又走了没多久，在横滨 IC 路况发生了变化，变得十分拥堵。因此只能保持时速 40 公里以下。因为这样的低速行驶，中产阶级倍感疲惫。

好不容易脱离了拥堵状态，看到了"离下一个休息站两公里"的标志，决定开到那里休息一下。

但是，到了休息站周围一看，顿时整个人都不好了。因为车太多了。几经寻找好不容易找到了一个停车位，来到商店里却是排起了长龙。

上下班的时候堵车我也就认了，为什么连双休日都这样！中产阶级受不了了。

长时间的休息反倒更累了，于是早早发动车子继续向前。

终于到了旅馆。

只有一人开车的中产阶级此刻已经到了身体的极限，疲劳不堪。但是同行的家人们却兴致满满，想象着今晚的温泉和晚餐。

但是中产阶级却只想早早睡觉。

超级富豪，悠闲地搭乘"绿色专列"或者乘电车出门旅行。

超级富豪到达目的地之前和之后都兴致满满。

超级富豪们会避开拥堵的双休日，选择在工作日去旅行。而且和双休日相比，工作日期间酒店的住宿费会更便宜，这也是一大便利。

那么，让我们来一起模拟体验一下超级富豪的旅行吧。

还是从东京市区到热海的两天一夜游。

首先，超级富豪们选择乘电车过去。因为他们明白，难得的假期可不能让自驾的疲惫坏了自己的兴致。

一般去热海都是乘新干线，但是超级富豪们偏偏乘东海道线。他们不喜欢一下子就到达目的地的感觉。

东京—热海区间的话，**可以乘坐在来线①的"绿色专列"**。车厢内人不多，能充分享受旅途的乐趣。

在"绿色专列"里看到的乘客大多都跟超级富豪年纪差不多。所以，这些人都选择在比较空闲的工作日出游。

一边眺望窗外美景，一边享受在东京站买的旅行便当，在列车的移动中，时间一点点过去。吃过饭后，从包里取出文库小说，到热海之前就可以充分享受勤勉读书的悠然时光了。

不知不觉中，列车到了热海站。超级富豪们下车打的去旅馆。

---

① 在来线，日本铁路用语，意指新干线以外的所有铁道路线。——译者注

因为巴士的时间比较固定，不甚方便。

因为超级富豪们选择电车和出租车，所以他们的身体状况非常好，因此能充分享受温泉和晚餐，也能充分考虑次日的观光行程。

超级富豪的思维方式与普通人、中产阶级是有很大不同的。

★　重点：无论是移动过程中还是到达目的地后，都能充分享受旅途的乐趣。

武器 17　超级富豪记得旅途中的趣闻

普通人，很快就会忘记旅途中发生的事情；中产阶级，只记得与自己有关的事情；超级富豪，不仅记得旅途中发生的事，还能有意思地说出来。

旅途中有趣和开心的事必不在少数。

这三种人对待旅途中发生的种种都有什么反应呢？

让我们紧接着前一章来探讨一下吧。

普通人，即使面对旅行也是被动状态。

普通人很快就会忘记旅途中发生的事情。

因为满足移动本身，所以对发生的事情反倒不记得。

估计"在旅馆里吃了什么，在温泉里发生了什么"的记忆只能保留到旅途结束回家的当晚。到了第二天已经不记得当初的细节了。

因为他们本来就认为能够到达目的地就是一件很令人开心

的事儿了。所以在旅途中也就没有什么其他印象深刻的事情能够超过这种乐趣了。

其实，对他们来说：**旅行是一种义务性的活动。**

将旅途中发生的事很快忘掉的这种行为正是对他们被动接受旅行的最好证明。

中产积极，保留以自己为中心的记忆。

中产阶级，只记得与自己有关的事情。

比如，旅途中和朋友一起打网球，他们会清楚记得自己有没有决胜球或者哪里失误了。

再比如，从自己的车里拿出帐篷时的感觉。

在露营场地从车里拿出捆好的帐篷和其他用品，然后在营地露营。

紧接着，开始准备晚饭——咖喱拌饭。切好土豆、胡萝卜、肉等等这些食材。米饭在电饭煲里。米饭和菜同时下锅烹制，这样就做好了咖喱汁。

然而，咖喱拌饭也不是那么容易的，制作过程中也会碰到很多困难。比如，蔬菜没有切好，米饭焦了等等。

但是这些小细节里，**只要有一点和中产阶级本人有关，他们都会清清楚楚地记得。**

超级富豪，为了与人交流而充分享受旅途。

超级富豪不仅记得旅途中发生的事，还能有意思地说出来。

超级富豪们总是能清楚地记得从家到目的地的路途中发生的事和到达目的地之后发生的每一件事。

假设他们去纽约旅行。如果家在东京市区内，他们会乘电车去成田机场，在东京站搭机场专线。成田专线上既有日本人，又有外国人，超级富豪们很乐意有外国人坐在自己身边，可以很愉快地聊天。

如果问为什么的话，就是因为与外国人聊天的经历**可以变成之后的谈资**。

比如，和法国人聊天就可以聊与时尚有关的话题。和澳大利亚人聊天，自然而且就会谈到袋鼠和考拉。这样的对话对超级富豪来说，都是一种全新的体验，从中可以得到各种各样的信息。

为了旅途的愉快，超级富豪不会对准备过程甩手不管。

超级富豪搭乘商务舱，抵达纽约。

办好入境手续、取了行李之后乘车去酒店。因为事先已经联系了旅行社，所以去酒店的过程中不会发生迷路事件。超级富豪们最讨厌无端的时间浪费。

从机场出发1小时车程后远远可以望见曼哈顿的繁华街景。很快就来到了入住的酒店，并办理入住手续。

如果超级富豪们英语流利那自然能节省很多时间，如果不流利呢？

其实，他们在预约酒店的时候就已经选好了有会讲日语的外国员工的酒店或者有日本员工的酒店。

对于超级富豪们来说，旅途过程中的舒适感是第一位的。如果在语言方面不能流畅沟通，旅途的乐趣就会减半。因此他们会尽可能选择让自己压力更小的情况。

超级富豪们在纽约都会做些什么呢？

可能是逛逛美术馆、鉴赏一下音乐剧。

纽约大都市美术馆是纽约有名的观光胜地，场馆内面积广阔，一天之内想要走完每个角落几乎是不可能的。因此，超级富豪们为了提高自己的满意度，会提前查阅导游图，优先观赏自己喜欢的展览品。参观学习的时间也是固定的，所以必须在有限的时间范围内提高效率。

此外，他们还会买大都市美术馆特有的产品来作为手信。这些产品基本不会在日本发售，所以朋友们也会很乐于接受这份礼物。

就这样在纽约的旅程不知不觉到了尾声，踏上了归途。

但是旅途并没有就此结束。他们会把在纽约发生的故事记录下来，回国之后每当看到这些也可以作为和朋友们聊天的有趣谈资。

★ **重点：记录旅途中发生的故事，作为以后的谈资。**

武器 18　超级富豪先帮大家取沙拉

普通人，沙拉端上来之后，等别人先取沙拉；中产阶级，先为自己取沙拉。

本章我们将以沙拉为例。

聚餐的时候，餐桌上端来一份沙拉。

面对这份沙拉，他们都会采取怎样的行动呢？

让我们来分别看一看。

普通人看其他人的行动。

在沙拉端上来之后，等其他人先夹好沙拉。

让我们想象一下两个好朋友一起去居酒屋吃饭。

店员来帮两个人点餐。他们点了菜单上的沙拉。

上菜之前，他们边吃毛豆边喝啤酒。这时候店员把沙拉端上来了。

酒店里的沙拉多半都是装在一个碗里的。因此，在吃之前必须先把沙拉盛进自己的小碟子里。

普通人**基本不会自己先盛沙拉**，都是等对方盛好了之后自己才盛进碟子里。同时也是看别人盛了多少的量，自己去盛相同或者稍微少一些的沙拉。

可以说普通人是小心翼翼、慎重地盛沙拉。

中产阶级凡事顺着自己的心意来。

中产阶级在沙拉端上来之后，先为自己取沙拉，还以他们在居酒屋里吃饭为例。

来到居酒屋，一坐下之后便开始看菜单，由中产阶级自己开始先点菜。

毛豆、咸辣鱿鱼、沙拉、烤荞麦面等等，他们自己先点了一通之后，再让别人点菜，并且还不断地催促着对方。这种时候往往都是他自己一个人在点菜，很少请别人先来点菜。

接着，菜肴慢慢上桌，因为所有的菜都是中产阶级点的，也就都是他们喜欢的，因此，他们吃得心满意足。

但是其他人满不满意？这就另当别论了。很简单，让我们看一下每道菜减量的情况就可以一目了然了，甚至有的菜其他人一口都没有吃过。

通常见到这种情况，中产阶级们心里会想："哎呀！这道菜可真难吃。"但是他们却丝毫不会表现出自己已经感觉到了的样子。而且，在每道菜上菜之后，他们都会自己先尝一口。

这是因为他们想先行品尝。

同理，当沙拉上菜之后，他们也是先盛进自己的碗里，而且还很多。

因此，其他人就只能盛的比中产阶级少一些，然后大家把沙拉平均分掉。也许中产阶级们在菜肴面前是看不到周围其他人的需求。

超级富豪会兼顾周围其他人的感受。

超级富豪在沙拉端上来之后，先帮大家取沙拉。

相比自己，他们更在乎周围其他人的感受。

还是以他们在居酒屋吃饭为例。

超级富豪会先将菜单递给别人。基本上没有自己先点菜的情况。都是让周围的其他人优先选择自己喜欢的菜，随后才开始选择自己想吃的。

点菜的时候通常都是由超级富豪叫店员过来。而且超级富豪们通常都是坐在靠近过道的座位上。这不仅仅是把上座让给别人，同时也是为了方便点菜。

先上了饮品。最开始是啤酒。在替周围人拿啤酒的时候，都是他们拿着杯子倒好了之后再递给对方。看到这种情况，其他人也会想帮超级富豪把啤酒倒好，但是超级富豪拒绝了。无奈在对方反复要求下，他们才把杯子递给对方。我想超级富豪们的谨慎程度，从这些细枝末节也是可以看得出来的。

眼神上的照顾也必不可少。

很快上菜了。超级富豪们尽可能地把菜品放在桌子中间这些方便大家夹菜的位置。通过这一细节，我们也可以看出超级富豪们耐心体贴的一面。

在毛豆、咸辣鱿鱼、番茄片等等这些小菜上菜之后，超级富豪们在确认了其他人都已经夹好菜之后自己才会夹菜。

虽然对超级富豪来说，自己面前的料理的美味程度很重要，但是**能够让别人愉快的用餐才是最先考虑的。**

他们总是在不经意间了解着其他人的情况。如果谁的杯子里没有啤酒了，他们就会马上帮对方斟满。如果有谁想喝啤酒以外的饮料了，他就马上把菜单递给对方，让他们选择自己喜欢的饮品。

这时，店员端来了沙拉。超级富豪们会亲自动手把碗里的沙拉分给同餐人，而且他分的时候都会有意识地注意每个人分到的量都是一样的。最后在确保除了自己以外的每个人都拿到了沙拉之后才会分给自己。

超级富豪们在确认其他人都很好的用餐之前，自己是不会动筷子的。也许有些人会想：每个人都有自己喜欢吃的东西，那么自己照顾好自己不就行了吗？但是超级富豪们却不这样想。他们会比其他人多一倍地关注周围人的感受。

★ 重点：聚餐时，发自内心地把自己当成主人（照顾其他客人）。

Part 3 习惯篇

有钱人的自我控制

武器 19　超级富豪，凭生物钟 5 点钟起床

普通人，闹钟响两次以后 7 点钟起床；中产阶级，闹钟响一次以后 6 点钟起床。

人们对起床的不同看法，也对人的生活有着重大的影响。

因为有很多人都说"自己很想早起，但是却起不来"。

让我们来看看这些人"一天的开始"上的不同吧！

普通人夜晚的时候拖泥带水，时间紧张。

普通人通常都是闹钟响两次以后 7 点钟起床。

他们的睡眠时间表是这样的。

前一天晚上工作结束之后回到家里，吃饭，泡澡。不经意间看了一眼闹钟，已经 11 点了。心里想着现在就该睡觉了，但是又看起了电视，又过了一个小时终于上床睡觉了。

他们会设置两个闹钟，一个是 6 点，一个是 6 点 30 分，然后安然睡下。夜色消散晨光乍起，时间一晃到了 6 点。闹钟铃

声响起。他们本打算关掉闹钟起床，可是无论如何战胜不了睡魔，又睡着了。

转眼到了 6 点 30 分，另一个闹钟响了。但是他们立刻就关掉了它。一看时间，6 点 30 分。本来应该这个时间起床，但是又觉得时间还早，于是又睡着了。

没过多久，再看闹钟已经 7 点了。一边叫着"完了完了"一边匆忙起床，新一天就这样周而复始地开始了。

又到了晚上，**普通人暗下决心"明天我要 6 点起床"，然后调好闹钟安然睡下**。但是第二天起床的时间还是拖延到了 7 点。

中产阶级没有早起的习惯。

中产阶级闹钟响一次以后 6 点钟起床。

让我们一起来看一看他们从前一天晚上开始直到第二天早上起床时的样子。

夜色已深，他们回到了家里，因为工作繁忙到了家之后已经是深夜了。由于他们已经在外面吃过了晚饭，所以回到家后就直接洗澡睡觉。

这些都完成已经 11 点了，电视上看一会儿新闻就睡觉了。

睡觉之前他们把闹钟定在 6 点钟。

但是一般情况下他们在 5 点左右就会自然醒。心里想着要不然现在起来吧，但是一看时间才刚刚五点于是就又睡了。

转眼到了六点，闹钟响起他们便起床了。

虽然中产阶级认为**最好能够自然醒**。

但是这样很容易睡过头，为了保险起见他们调了闹钟。于是他们就可以伴着六点的闹钟一同起床了。

超级富豪，遵循体内的生物钟。

超级富豪遵循体内生物钟在 5 点钟起床。

超级富豪们根本不需要设置闹钟，他们可以自然醒。

那么让我们来看看超级富豪们直到就寝时的样子。

夜幕降临，他们完成了一天的工作，回到了家里。有的时候也会跟朋友出去喝喝酒，晚的话九点左右到家。在家里吃过晚饭之后就去洗澡。

随后，看电视浏览今日要闻，然后就走进卧室关灯就寝。即使晚睡的话，他们十点钟左右也已经躺在床上了。

偶尔也会有因为想去洗手间而醒来的情况，但是通常情况下他们都能进入深度睡眠。

到了第二天早上，他们轻松地自然醒来。一看时间正好 5 点。

为什么超级富豪们能在固定的时间起床呢？

因为他们明白"一天之计在于晨"，这已经规律化了。

洗脸刷牙，换好衣服，然后在吃饭之前他们可能会出去慢跑一会儿或者是散步，或者是读书，他们的生活有着一定的规律，因此生活通常是很悠闲的。

一个阶段一个阶段地达到了不需要闹钟的程度。

超级富豪是从一开始就能成功早起吗？

并不是这样的，他们和普通人一样，刚开始的时候都会设置两个闹钟，有的时候是 7 点起，有的时候像中产阶级一样设置一个闹钟 6 点起。

但是超级富豪们会这样思考。

"如果早上的时间不能够有效地利用的话，这难道不是一种莫大的浪费吗？"

于是就以此为契机，他们在心里坚定了我要早起的信念。

当然最开始的时候，如果不设置闹钟，他们也不可能在 5 点钟准时起床。他们首先设置好闹钟，让自己适应 5 点钟起床的节奏，经过一段时间反复训练，慢慢就养成了 5 点钟自然醒的习惯。

通过这样的方法，慢慢地他们不再需要闹钟，而是在自己的身体内自然形成了一个 5 点钟起床的生物钟。

让我们来看一看家族企业的第二代领导人等这些从小就在相对来讲不那么自由的环境下成长起来的超级富豪，也许他们

可以不依赖闹钟成功起床。这是因为他们从小耳濡目染父母的
生活习惯。对他们来说是很突出的一个优势。

　　对他们来说 5 点起床是一件理所应当的事。他们身体内的
生物钟已经养成了 5 点起床的好习惯。

★ 重点：早睡早起，保持良好的生活节奏。

武器 20 超级富豪一次买上几本书读

普通人不读书；中产阶级，大手大脚地买很多书，但是却不读；超级富豪，一次买上几本书，买好之后物尽其用。

读书是能获取知识最好的一条途径，然而读书的方法也不尽相同。

让我们来看一看这其中的区别。

普通人已经放弃了未来，所以根本不读书。

普通人，不读书。

普通人基本上没有读书的习惯。虽然心里想着不读书不行但是总会以忙为借口，从来没有真正地实行过。

学生时代他们也曾经读过很多书。孩提时代曾读过野口英世、爱迪生等人的传记。看着这些伟人的经历，每个人都曾经这样想过：什么时候我也能够成为这样伟大的人呢？

但是随着岁月的流转，这种抱负和现实之间产生了巨大的鸿沟。于是在步入社会之后，不知不觉地就会想："哎，我还是没有这样伟大的才能啊！"于是就自顾自地给自己设定了一个界限。

自此以后，每天能够将白天的工作全部完成就已经感到筋疲力尽了，对于提高自己，这一部分自然就会懈怠下来。

不读书还有一个表现就是不读书所以无法掌握新知识。所以普通人不管何时都是普通人。就在这种闭塞的状态下，也不相信自己可以再次成长。**只是满足于现在的自己。**

中产阶级陷入买而不读的"积读"状态。

总是大手大脚地买很多书，但是都不读。

中产阶级虽然有读书的欲望，但是通常都会陷入"积读"状态，很多书都还没有读都就直接被扔掉了。

为什么会出现这种情况呢？

因为中产阶级他们的好奇心很强。所以就有着很强的学习知识的求知欲。但是他们又会以平日里很忙，**没有时间读书为借口搪塞自己。**

他们原本以为当然不可能一天都很忙，总能挤出读书的时间。然而，中产阶级们却不会做到这一步。他们总想着只要买了书，什么时候有空了就会读的吧！于是就会去书店买上几本书，但是结果往往不尽人意。

因此，他们的房间四周都堆满了还没有来得及翻阅的书。看到这样一番景象，我们的第一印象一定说：这个人读了好多书，但是一旦看了这个书架的朋友们问中产阶级读了这些书之后的感想，他们就只能支支吾吾顾左右而言他了！

超级富豪买了书就立刻读。

超级富豪会一起买上几本书，买好之后物尽其用。

买了书就一定要尽快读，超级富豪们这样想。

让我们来看看超级富豪们所采取的读书行动吧！

首先他们来书店一起买了五本书。拿着这五本书来到附近的一家咖啡店。就这样惬意地边喝咖啡边读起了书。

超级富豪们的读书方法是这样的。

首先了解作者的生平简介，看看他过去都写了哪本书、研究的是哪个领域，然后速读目录。

在读正文的时候，若是自己已经知道的内容那么就略读，若自己想知道的内容就会仔细阅读。

通过这样的读书方法，大概30分钟左右就能够了解一本书的概况。读完五本书也就需要两个半小时的时间。如果还想知道更详细的内容，之后抽时间再仔细读就可以了。

通读完整本书的概况之后，走出咖啡店回到家里。就可以重新阅读自己之前更想要阅读的那一部分。

把读书所得的知识用于实践。

超级富豪认为单纯读书是一种浪费。既然已经花时间读了书，那么就应该看见某种形式的回报。因此，超级富豪们的思维方式就是要把通过读书得来的知识用于实践。

比如将书中学到的知识和他人分享或者将这种知识在生意场上活学活用。但是，所谓"有用的书"在五本书里也就一本或者说至多两本。所以他们提前已经有了**"书的内容本身就是有差距的"这样的觉悟**。

也就是说他们不会仅仅哗啦啦地翻一下书，就判断出哪本书更有价值。他们采取的方式是如果我对这本书感兴趣，那么我就会毫不犹豫地买下来。

也就是说，即使这本书有那么一点差强人意，但是如果不买，这部分知识我就不知道，于是买了这本书也不会后悔。之后，他们会留下感兴趣的这一部分书，除此之外的一些书就会卖到二手书店。

超级富豪们如果发现买回来的书里没有值得阅读的内容，他们会尽早放弃。留在家里的书或者是有折角，或者是有记号笔作出来的标记。他们认为书籍不应该是摆在书架里的东西，而应该物尽其用。

无论超级富豪到了多大年纪，他们都不会忘记这种持续学习的心境。

★ 重点：豪不犹豫地买下喜欢的书，买来就立刻读。

武器 21　超级富豪见面的地点选择在大型书店

普通人，选择在银之铃见面；中产阶级，选择在商场里见面；超级富豪，选择在大型书店里汇合。

通常情况下大家都会选择哪里跟朋友汇合呢？提及汇合，无外乎东京站。

让我们来比较一下，这三种人在东京站汇合的场所选择以及各自的思维方式和感想。

普通人不会深入思考在哪里汇合。

普通人通常会选择在银之铃汇合。

普通人对于汇合的场所并不会进行深入思考。通常都是选择在导游手册中介绍的、家喻户晓的场所。对于普通人来说，银之铃就是这样的存在。

银之铃位于从八重洲中央口附近的检票口出站处地下一层

的主路上，在东京站站内商场 GRANSTA^① 里面。自古以来就是来东京站的必经之地，所以对方也因此选择了这里。

普通人通常会踩着时间来到汇合的场所，或者因为各种特殊情况迟到。因为他们讨厌长时间的等待别人。

一般情况下普通人之间的会面都是这种模式，如果他们比约定好的时间早到了的话，他们会做些什么呢？

他们通常都是在银之铃前**发呆，或者玩手机。**这难道不是白白浪费了时间吗？

中产阶级汇合之前在商场进行"橱窗购物"。

中产阶级通常选择在商场里汇合。中产阶级大多数喜欢新事物。因此，他们汇合的场所往往选择在最新的地标性建筑。提及东京站附近的新的地标性场所，那就是 KITTE^②。KITTE 最初由日本邮政最初着手修建，2013 年 3 月正式对外营业。KITTE 的名字是"邮票"^③ 和"来吧"^④ 这两个词语的读音，这一名字就是这样由来的。KITTE 由旧的东京中央邮政局保存翻

---

①GRANSTA，商场名字。——译者注
②KITTE，商场名字。——译者注
③ 邮票，日文写作"切手"，读作"KITTE"。——译者注
④ 来吧，日文写作"来て"，读作"KITTE"。——译者注

新的一部分和重新修建的一部分共同组成，是从东京塔地下一层到地上六层，共计七层的高层建筑。

这里汇集了各种最前沿的店铺，对于中产阶级来说就是最佳选择。因此他们都会将汇合的场所定在商场一楼入口处。

但是他们不会从最开始就在入口那里，他们会比约定好的时间提前来到 KITTE，最晚也会提前 15 分钟。**然后在商场内四处走走看一看。**

如果看到什么令自己耳目一新的东西，不知不觉间冲动购物也是有的。

如果想看的东西过多在店里花费了太多的时间也可能会耽误汇合时间吧！

超级富豪在约定时间之前一分钟都不会浪费。

他们会选择在大型书店里汇合。

超级富豪在汇合之前绝不会做无端的浪费。他们不会让自己闲得无聊。那他们选择的汇合地点究竟是哪里呢？

那就是书店，也可能是大型书店。提到东京站附近的代表性大型书店，应该就是丸善・丸之内书店吧。

丸善・丸之内书店从东京丸之内车站北口出站，走路约一分钟。超级富豪们将地点定在一层入口门前。

让我们看看超级富豪们汇合前的行动吧。

首先，**提前 30 分钟到达约定场所**。因为他们被"不能让对方等我"的心理所驱使。

但是提前 30 分钟到达指定地点，如果什么都不做就是无端的浪费。

因此，选择在书店汇合，可以边看书边打发时间。

对于超级富豪来说，书店是中心城区的理想去处之一。即使一天都待在书店里，也不会觉得无聊。仅仅是挑选自己喜欢的书，就是一件很令人激动的事。丸善·丸之内书店作为国内数一数二的大型书店，汇聚着各种类型的图书。

还可以边浏览书架里的书籍一边看周围摆放的商品，如果某一种商品摆放的数量特别丰富，这就证明这一件商品现在十分流行。

超级富豪对流行非常敏感。他们认为在书店里可以获得与市场相关的情报，可以打开另外一片商业契机。有时他们也会在这里买一些相关的书籍。

像前文提到的这样，三十分钟很快就过去了，于是慌慌忙忙地跑向约定好的一楼入口处。

有趣的是，约好一起汇合的同伴也是这种状态，刚刚从楼上慌慌忙忙地跑向这里。

也许这就是超级富豪们的朋友吧！所有的超级富豪们都会将等待汇合的时间有效利用。

★ **重点：在约定时间之前抵达汇合地，但是又能够充分地利用汇合前的这段时间。**

武器 22　超级富豪在家的前站下车步行回家

　　普通人，在离自己家最近的车站下车，然后步行回家；中产阶级，在离家最近的车站下车后打的回家；超级富豪，在离家最近的车站的前一个站下车，然后步行回家。

　　完成了一天的工作，大家在回家的路上都会想些什么呢？

　　本章让我们以距离自己家最近的车站为案例探讨一下回家方式。

　　普通人拖着疲惫的身躯往返于家和公司之间。

　　普通人会在离自己家最近的车站下车，然后步行回家。

　　让我们来看一下普通人回家之前的一系列行为。

　　首先，普通人工作一结束马上就向车站走去。如果车站附近有商店，那么就会买上一瓶饮料，喝了饮料再回家。如果没有商店，那么就迅速地通过闸口回家去。

　　在等车的期间也没有什么特别的事情，只是边发呆边等车来。很显然，因为一天的工作已经疲惫不堪所以根本没有思考的力气了。

电车终于来了，他们在车门打开的那一瞬间一溜烟儿地钻进车里。

在乘车过程中也没有什么特别想做的事。如果恰好有空的座位，坐下之后就一路睡到家。

经过换乘终于到了离自己家最近的车站，下车后步行回家。

虽然他们也很辛苦，想要打的回去，但是又不想造成无端的浪费。于是只能步行回家。

从车站到家的这段路上，他们的脑袋里想的就只有回家这一个念头，所以无论途中有些什么他们经常视而不见。也许或多或少的知道周围有一些什么样的店，但是却从来没有进去过，也就无从谈起所谓的新发现了。

中产阶级急躁地过着忙碌的每一天。

中产阶级在离家最近的车站下车之后会打的回家，因为他们在金钱上很宽裕。

让我们来看看中产阶级在回家的这段路上的表现吧！

首先，他们从公司出来之后并不会立刻回家。即使下班之后没有聚餐，他们也会去哪一个店里走走看看，然后再去搭电车。

这天，他们来到公司附近的书店里转了转，买了一本杂志，然后去乘电车了。中产阶级很讨厌两手空空的感觉，于是他们在乘车期间就必须买点什么来打发时间。

一入闸口来到了候车的地方。在等车的这段时间里，中产阶级拿出自己的智能手机边玩儿边等时间过去。几分钟后，电车驶入站台。车里的人下车之后，中产阶级上车。

刚刚上车的时候，因为没有座位所以只能站着。随着途中有人渐渐地下车，中产阶级在自己附近一处空下来的座位坐了下来。随后打开自己在书店里买的杂志。

简单浏览之后，从口袋里拿出了自己的手机开始上网或者打游戏，打发时间。

很快到了离家最近的车站，中产阶级们在这儿下了车，但是也不会立刻回家。他们会先去附近的便利店买点儿饮料或者零食，偶尔还会买甜点。

从便利店出来，终于踏上回家的路。从自己家到车站走路也就十分钟的距离。虽然他们心里想着：就这么点儿距离不如走路回去吧？虽然他们这样想，但是由于忙碌的工作已经精疲力尽。根本没有走路回家的力气，于是他们匆忙地走向了出租车停车场。

超级富豪们为了探求新的发现，走路回家。

超级富豪们大都会在离家最近的车站的前一站下车，然后走路回家。

这绝对不是小气。而是因为超级富豪们不喜欢和平常走相同的路，提前一个站下车，是**想要享受不同的风景。**

期待新的发现。

比如超级富豪回家的路上就会有这样的感受。

只要超级富豪下班后没有聚会或者其他特别的活动，他们就会尽早回家，如果是夏天的话，天空还大亮着。

他们在离家最近的车站的前一站下车，步行回家。走出闸口，面前是一条古老的商业街，他们就会走进这条老街。正因为他们是超级富豪，所以即使在这样一条古老的商业街里也能够有令人激动的新发现。如果商业街里有自己喜欢的店，他们还会进去看一看。

没走多久就看见了一座图书馆，对于超级富豪来说，图书馆就是绿洲一般的存在。如果图书馆开门，他们就会走进去，借一本书来读。

又走了没多久就能看见大学的宿舍了，然后再走几步就到了离家最近的车站。

就像这样，超级富豪们总是在离家最近的车站的前一站下车，然后寻访着路途中的新发现。

而且走路益于身体健康。在临近的车站下车就可以走上一段距离，这样也是一种体力的增强，对于超级富豪们来说，"探索新发现"和"保持健康"同时进行，堪称一石二鸟。

★ **重点：期待旅途中的新发现，不断改变回家路线。**

武器 23　超级富豪八点结束聚餐

普通人，十点结束聚餐；中产阶级，零点结束聚餐。

最近一段时间所谓"饮酒交流会"这种说法越来越少，在商业领域取而代之的是"聚餐"这个词。

本章让我们以聚餐结束时间为研究对象，探讨一下这三种人的行为方式。

普通人，"不说行也不说不行"的交往方式。

普通人一般十点左右结束聚餐。

普通人参加的聚餐，基本上都是很早以前就决定好了日程。

让我们在这一前提下来看看普通人聚餐时的行为吧！

比如聚餐是六点开始。普通人往往是会准时出席的那一类人。因为他们讨厌加班。而且因为他们不想看上司的脸色，惹上司不高兴，很难从准时的这一习惯中摆脱出来，所以**即使是聚餐也养成了不迟到的好习惯。**

很快聚餐开始了。首先，普通人会给自己的上司倒酒，但是倒酒这个行为也仅仅止步于最开始的时候，随着酒上三巡自己就变成了自斟自饮。这是因为随着时间的流逝，他们已经完全进入了自己的世界。所谓上司也不过就是一个其他人。随后就是一个劲儿大吃大喝，和周围的人交谈。

但是普通人的谈资却很少，所以也只是在听周围其他人聊天的时候，自己插那么几句嘴，基本不会主动开启新话题。即使他们偶尔开启了一个话题，内容也都和工作相关，欠缺新鲜感，没什么意思。

不知不觉已经八点了。第一场活动已经结束，于是大家决定去卡拉OK。"如果这个时间回去上司应该会不高兴吧？"普通人如是想着，也一起去参加了第二场的活动。

第二场的活动中，普通人也不会主动要求唱歌，都是在听别人。但是，如果上司劝说，他们也会勉为其难地唱一首。就这样卡拉OK时间也有惊无险地度过了。

又在卡拉OK待了差不多两个小时，已经晚上十点钟了。他们在这个时候选择回家。

普通人的聚会说到底还是很正经的。

中产阶级因为自恋，常常饮酒过量。

中产阶级的聚会，一般都是在晚上零点结束。

中产阶级，即使是在当天被上司邀请一起去吃饭，只要没有其他特别重要的事情，通常都不会拒绝，而且会很开心地参加聚会。

但是如果上司说晚上的聚会是六点钟开始，他们通常都会迟到一小时，也就是七点左右才到。**特意迟到**是为了向上司表明：我是在努力的加班，并没有因为聚餐而耽误工作。

因为他们在聚餐时迟到了，所以他们加倍喝酒，以便追上上司的脚步。如果上司的酒杯里没酒了，那么他们就会马上斟满，如果没有饮料了，就会马上跟店员下单。他们清楚地观察着周围的一切状况。

这也是在上司面前的一种表现。

很快到了晚上九点，第一场聚会结束了。于是他们去了第二场聚会，也就是卡拉OK。在卡拉OK，他们是第一个选歌的人，他们会选择一首目前最流行的歌曲，同样这也是在上司面前表现自己的一种行为。

自己唱了开场曲目之后就把麦克风让给其他人，自己从万众瞩目的角色上退下来。

很快在卡拉OK的时间也慢慢溜走了，此时已经十点了。大部分人都已经准备回家了。如果他看出上司不是很过瘾的样子，就会提议一起去附近的酒吧坐一下。和上司这种战斗到底的交流是为了更好地表现自己。

结果，一系列的聚餐结束就到了零点，也就是末班车的时间。

超级富豪在关注周围的同时也能够充分地关注自己。

超级富豪的聚餐通常在八点左右结束。

超级富豪们认为聚餐是一种"让商务工作更加圆满进行"的途径，因此，他们尽可能地将聚餐压缩成更短的时间。

让我们来看看他们聚餐时的实况吧。

首先，超级富豪们严守时间。因为他们认为守时是理所应当的事情。

晚上六点整聚餐准时开始。他们总是不自觉地观察着周围人的样子。他们和朋友一起碰杯喝酒、谈天说地，绝对不会做出自己很了不起的样子。

而且因为超级富豪平时就很喜欢读书，所以他们从不缺谈话时的谈资。他们总是能引出很多话题，也能够应对不同情况下的对话。他们能够发起从个人近况到政治、经济、历史，以及个人兴趣等等各个方面的谈话。

就这样时针很快指向了八点，也到了聚餐结束的时候。

超级富豪们果断地结束这次聚餐。他们不喜欢时间上拖拖拉拉的无端浪费。**第一场的聚餐结束之后，他们会马上回家。**

回到家里或是读书或是听听音乐，充分享受自己的时间。

★ 重点：不过量饮酒，严格控制自己的身心。

武器 24 超级富豪在沟通中善于发掘对方的共同点

普通人并不善于发掘和对方的共同点，所以谈话也显得毫无章法；中产阶级即使发现了自己和对方的共同点也会选择沉默；超级富豪会主动发现和对方的共同点，然后融入到对话中来。

寻找和对方的共同点，在交流这一环节中显得尤为重要。

然而，尤其是在商业领域，这一环节显得尤为困难。

让我们从这三种人各自说话的艺术中来探讨一下他们行为方式上的区别。

普通人害怕谈话陷入僵局。

普通人并不善于发掘和对方的共同点，所以谈话也显得毫无章法。

两个人在聊天的过程中，普通人无法发现与对方的共同点，于是只能这样硬着头皮聊下去，很难击中谈话的关键点。

让我们来看一个具体事例。

普通人因为营销工作的需要外出拜访其他公司。自己跟对方公司的这位负责人是第一次见面，双方交换了名片之后，进行了一下简单的自我介绍。

通过自我介绍知道了对方的出生地是名古屋^①。而自己的出生地在东京。一般情况下，互相知道了出生地就可以发现一个聊天的共同话题。

比如说，2027 年预计开通的中央新干线这个话题。

中央新干线将东京到名古屋之间的通车时间缩短为四十分钟，堪称"梦的列车"。

"将名古屋纳入东京通勤圈，恐怕也只是时间早晚的问题。"

如果能够谈论这样的话题，他们的谈话内容就会显得比较有弹性。

但是普通人却并不能发现自己和对方的这一共同点。于是在进入正式的商品推介之前的闲聊也仅仅**局限于平常的自我介绍**，甚至偶尔会陷入僵局。

如果气氛变成了这样，即使再好的提案，也不可能很顺利地一次通过。

---

① 名古屋，日本爱知县的首府，也是日本三大都市圈之一。全市总面积 326.45 平方公里，总人口 228.4 万人（2015 年）。作为重要的港口城市，名古屋港也是日本的五大国际贸易港之一。——译者注

中产阶级害怕将自己和盘脱出。

中产阶级即使发现了自己和对方的共同点也会选择沉默。

中产阶级可以发现双方的共同点，但是却不会将他们活用到对话中来，而是选择沉默。

这是为什么呢？因为他们觉得，**把自己和对方的共同点挑明对自己来说是一种不利。**

让我们来看一个具体案例。

为了推销新产品，中产阶级外出到其他公司。自己和对方负责人也是第一次见面。

在对方公司的接待处做好了登记，被领入了对方公司的会议室里。很快，对方公司的负责人出现，双方交换了名片之后开始闲聊。

在闲聊的过程中提到了双方的性格，对方说："周围的人经常说我这个人大大咧咧。"边说边笑了起来。此时对方的想法应该是想要缓和现场的气氛吧！

但是中产阶级的接纳方法，却是不同的。

"虽然我的性格也是大大咧咧的，但是如果我这样说了他会怎么想呢？会不会就此看轻我呢？"

中产阶级在心中这样嘀咕着，于是他作出了这样的回答。

"是这样的吗？我真的是一点也看不出来呢。"

将这句话轻描淡写地略过。然后尽早结束闲聊，进入商品说明的这一环节。

如果他能够在闲聊的时候也说出自己的性格，双方在互相说一下自己曾经因为性格失败的经历，那么整个谈话的氛围就会变得更和谐，商品的推介也会更顺利进行吧？但是他们却没有这样做。

中产阶级的商品推介应该是在对方也是一个不善于闲聊的人的情况下更能够顺利地进行吧。如果不是这种情况，那么就会让对方觉得整个交流过程差强人意。

好像中产阶级中有很多人不善言谈。

超级富豪们互相爆料自己的故事，加深信赖。

超级富豪会主动发现和对方的共同点，然后融入对话中来。

因为超级富豪们很擅长发现与对方的共同点，所以他们总是能够让谈话热烈起来。

让我们来具体看一个例子吧！

身为公司所有者的超级富豪，作为自己公司"最佳营销员"要向客户公司的董事长介绍自己的新产品。他和对方公司的董事长曾经在宴会上有过几面之缘，只不过两个人现在是第一次互相交谈。

在对方公司的接待处登记之后，被领到了会议室。没过多久，对方公司的董事长出现了。双方交换了名片之后闲聊起来。

闲聊的过程中，对方的董事长首先聊起了自己的兴趣爱好。这位董事长因为很喜欢旅行，所以经常去海外。恰好前几天刚刚去过台湾，参观了有名的故宫博物院，品尝了当地的中华料理。他们高兴地谈论着这些话题。

事实上超级富豪也非常喜欢旅行。他曾经也去过台湾，也探访了故宫博物院。两人就博物馆里的展示品进行了热烈讨论。

在交流甚欢的状态下结束闲谈，进入正题。在这样的氛围之下，产品推介也顺利进行。

像这样，超级富豪非常擅长在与对方的闲聊中发现共同点。

在所有的主题中提及最多的就是兴趣，除此之外，出生地、血型、家人等等各种各样的话题，都可能发现两者之间的共同点。

然后将这种共同点交织在两个人的对话中，场面就会变得温馨而热烈。

★ 重点：从不起眼的交流中获取与对方的共同点。

武器 25　超级富豪把笔插在西装内侧口袋

普通人，什么都不带；中产阶级，把笔插在西装外侧的口袋里；超级富豪，把笔插在西装内侧的口袋里，腋下夹着笔记本。

笔是办公时必不可少的工具。

对笔有讲究的人，也不在少数。

笔作为工作的必需品，同时也是个人兴趣的一种表现，是怎样的一种存在呢？

普通人在紧急时刻会出现大的疏漏。

普通人什么都不带。

换句话说就是他们平时什么都不思考，什么都不在意，**也没有随身带笔和笔记本的习惯。**

但是这种行为不是作为一个商业人的失职吗？

让我们来看看普通人的营销手法。

在给客人进行产品说明时，强烈希望对方能够购买自己的产品，拼命地向对方推销。

其中的诚意是否得到了很好的传达呢？客人问了几个问题并且提出了几点希望。

一个小时之后，客人说要回去研究一下。于是拿着产品资料离开了。

谈话到此为止，却没有一个正面的答复。

将客人送出公司回到自己的座位，途中被上司叫住了。

"客人的反应如何？"上司问道。

"我觉得还不错。"

很明显，普通人含糊其辞。这是不仅仅因为面对上次突然的提问他们内心紧张，更是因为他们已经忘记了客人提出的问题和希望。

为什么会产生这样的情况呢？

就是因为他们只是在用耳朵听客人说了什么，而没有准备笔记记下来。

中产阶级把笔作为一种实用商品，认为它只要发挥作用就可以了。

中产阶级把笔插在西装的口袋外侧。

放在那里任谁看到都会知道这个人带了笔。

那么中产阶级的这种行为，在大多客人眼中是怎样的一种形象呢。

让我们来看看他们在商品推介时的场景。

客人来到了自己的公司，经过了一个简短的寒暄，将客人领到了会议室。立马进入商品展示环节。商品推介进行得很顺利，中产阶级有自信能够谈成这笔合约。

然而，在最终确认的时候，却得到了意想不到的回答。

"我想再考虑一下这笔订单。"

为什么会出现这样的情况呢?

其实原因很简单，就是因为客人看到了中产阶级插在西装外侧口袋里的这支笔，而且还是一支印有自家公司名字的廉价圆珠笔。

客人看到对这种有悖于商务礼仪的行为，深深地产生了一种深深的不信任感。

超级富豪，随身携带高级钢笔。

超级富豪将钢笔放在西装内侧的口袋里，腋下还夹着一本笔记本。

让我们来看看超级富豪平日里的行为吧!

让我们举一个非常常见的画面。因为超级富豪很少是推销员，所以我们这次假设他们是客户。

推销员拜访超级富豪经营的公司。因为已经经过多次前期交涉，商品推介进入尾声。

在会议室里和推销员进行了少许的闲聊之后进入正题。超级富豪拿出西装内侧口袋里的钢笔。

这支笔通常是万宝龙 ① 这样的高级品牌。

桌子上放着笔记本。因为他们觉得随身带着笔记本就可以记录下各种有用的信息。

在这次的商品展示推介过程中，超级富豪也逐一记下了推销员所提案的内容，然后看着自己的笔记，寻找恰当的时机向推销员提出尖锐的问题。

比如"你能再帮我详细地说明一下商品的性能吗？""不仅仅要告诉我商品导入的优点，它的缺点在哪里呢？"等等这些尖锐的问题。

超级富豪在听了对方的解说之后，决定购买这批商品。

在合约书上签名、盖章的时候，**绝对不会发生向对方借钢笔这种情况**。他们更习惯用自己习惯的钢笔。

---

① 万宝龙，历峰集团旗下位于德国的一家精品钢笔、手表与配件的制造商，以制造经典书写工具驰名于世，笔顶的六角白星标记，象征着欧洲最高山峰勃朗峰（Mont Blanc）。——译者注

合约签订完毕。超级富豪将钢笔放回西装内侧的口袋，夹着笔记本送对方离开。

超级富豪的钢笔往往都非常讲究。

他们所使用的这些钢笔都是自己常年使用，并且非常珍爱的。价格便宜的钢笔很容易坏掉，而自己的这支笔虽然价格高昂，但是却能够长久使用。笔记本也是同样的，他们习惯使用由圆圈连接的这种形式的笔记本。

超级富豪在用笔上非常有讲究，而且能够使用很长时间。

但是他们却不以这样的高级钢笔而自我吹捧。这是因为他们也有着"识货的人自然懂"的自负心理。

超级富豪总是用不令人讨厌的方式证明着自己的存在。

★ 重点：笔是兼具趣味性和实用性的彰显自己价值的必要手段。

武器 26　超级富豪表达谢意时亲笔书信

普通人，用短信表达感谢；中产阶级，用电话表达感谢；超级富豪，用亲笔书信表达感谢，并随信附送礼品。

大家在向对方表示感谢的时候会采取怎样的方法呢。

表达感谢的机会不在少数，方法也不尽相同。

我们表达感谢的方法，往往也反映了一个人的人生观。

普通人随意选择一个时机发一条礼仪性的短信。

普通人用短信表达感谢。

让我们来看一下普通人表达感谢的方法吧！

例如，朋友邀请他吃饭。两人约在离饭店最近的车站会合。在去饭店的路上，两个人进行一个简短的寒暄。

到了店里开始吃饭。朋友说："我们好久没见了，真的是太高兴了！"于是开始聊自己的近况，工作和兴趣爱好等等，席间谈话不断。

快乐的时光总是很短暂，很快两个小时过去了，他们点的菜也基本都上完了，于是两个人起身离开。

顺便说一下，饭钱是提议一起吃饭的朋友付的。

第二天早上手机上收到了朋友的短信。

"我们许久不见，能够再次见面真的是太开心了！以后方便的时候我们常聚一下吧！"

本来应该是别人请自己吃饭，应该是由自己先发信息表达感谢的，但是对方的信息却先到了。

自然不能就这样忽视对方的短信。于是立即回复道：

"我也很开心……"

就这样附和着对方的内容，发送了一条极其普通的信息。**丝毫没有让人感受到感谢和诚意。**

中产阶级，选择能够表达诚意的商务方式。

中产阶级用电话表达感谢。

让我们来看看中产阶级表达感谢的方法吧！

比如客人请他吃饭。两人约在饭店前汇合，然后一起走进饭店。

虽然有着对方是我的客户的担心，但也还是和妙语连珠的客户度过了一个愉快的晚上。

宴会接近尾声，两人起身离开，客人支付了饭费，然后一同离开饭店。中产阶级郑重地表达了感谢。

第二天早上一上班中产阶级就给客户打电话。因为他们认为发短信表达感谢是有失礼数的。

而且如果等着对方来联系自己，那个时候再表达感谢，这种方法所传达出来的感谢的心情是不够的。

也可以说中产阶级比普通人有着更强烈地向对方表达感谢的意愿。

超级富豪，做到极致的感恩手法。

超级富豪会亲笔写一封感谢信，并且随信附上礼物。

超级富豪表达感谢的方法和普通人、中产阶级有着巨大的差别的。

让我们一起来看一下超级富豪在表达感谢时的感受和实际行动吧！

某天，超级富豪受朋友邀请一起吃饭。这位朋友也是一位超级富豪。

两人约在饭店门口会合，一起走进饭店里。因为和朋友已经很久没见面了，所以相谈甚欢。

愉快的时间总是很短暂，餐叙很快结束了。朋友支付了餐费。

第二天超级富豪收到了朋友的感谢短信。这时候超级富豪会怎么办呢？其实超级富豪忽略了这条信息，**甚至连一条简单的回复都没有**。乍一看，这是一种极其失礼的态度。

但是这其中却有着更深层次的原因。

因为超级富豪会通过其他方式来传达这种感谢的心情。

那就是一封亲笔信。超级富豪特意抽出时间来向对方表达自己的感谢。字里行间中表达着自己感谢的心情。

他们的礼貌就做到这种程度吗？

不仅仅是书信，他们还会准备礼品。

这些礼品也不是随意买来的，而是特意在精美的和果子①店买来的，而且自己还是吃过，味道绝对有保障，是名副其实的随信赠送佳品。

超级富豪将信和特产一起寄出。

第二天，朋友在家里收到了包裹，不用说就是超级富豪们寄来的。

接下来让我们一起站在朋友的立场考虑一下超级富豪的这种行为吧！

朋友一边惊讶，一边打开了包裹。

---

① 和果子，日式点心，多以豆类为主要材料，甜食为主。——译者注

包裹里面是一份高级电信和一封书信。打开书信里面满载的是超级富豪表达的对自己的感谢，也知道这些点心是超级富豪特意买来寄给自己的。朋友反复读着这封信，再摸着那份礼物，是不是会感动得热泪盈眶呢？

超级富豪就是这样，**对于对方所给予的好意，加倍奉还。**

他们认为这是理所应当的礼仪。

★ **重点：将向对方表达感谢视为理所应当之事。**

武器 27　超级富豪通过日经 CNBC 获取经济信息

普通人，通过 NHK 获取经济动向；中产阶级，通过"世界商务"广播获取经济新闻。

本章我们来探讨一下这三种人对经济信息的感觉。

一提及经济动向，我想大多数人想到的都是日经平均股价和汇率。

不仅仅是商务场合，面对和日常生活密切相关的经济动向，这三种人会采取怎样的应对方式呢。

普通人担心一般的经济常识。

普通人通过 NHK 新闻来确认获取经济走向。

结束了一天的工作，他们立即回家。吃了晚饭、洗了澡之后开始看晚上九点的 NHK 新闻。新闻里会播报日经平均股价和现在的日美汇率等相关新闻。

普通人只是偶尔看到这些信息。于是他们就认为自己获取了经济动向。

但是，他们只是看到新闻播报。心中所想的也不过就是"啊！原来是这样啊！"但是却不会留在脑海中。

而且他们也不是每天晚上9点都看NHK新闻。如果他们的回家时间超过了9点，而孩子们在看其他节目。这样的话，他们连偶尔获取碎片式的信息的机会都没有了，也就无法掌握正确的信息。

比如在商品营销时和客人聊天，被问到日经平均股价和日美汇率的问题。他们连最起码的趋势都不能妥帖回答。

中产阶级，在深夜商务节目中获取实用信息。

中产阶级，通过"世界商务"广播（以下简称WBS）获取经济动向。WBS是东京电视台旗下的一档经济节目，周一到周五每晚11点播放。

为什么中产阶级要看这一档节目呢？因为他们比普通人更忙，回家的时间更晚。

回家之后，吃过晚饭，想着好不容易可以休息一会儿了，一看时间已经11点了。在这个时间想要了解经济动向，WBS是最合适的了。

而且，中产阶级们清楚WBS的好处。比如在专栏区会有近期社会经济动向的实时报道，在一个叫作"形势彩蛋"的专栏里，播报员会讲解新产品的相关信息。这些对于中产阶级来说都是非常有价值的信息。

此外，**晚上 11 点是美国股市开市的时间**。因此，边看节目也能实时把握美股动向和汇率市场的波动情况。因为能够获得上述这些一手消息，自然 WBS 就成为了中产阶级获取重要的信息来源。

因为中产阶级通过 WBS 把握经济动向，如果第二天与客户谈及经济走向的话题，他们也能对答如流。

超级富豪，利用专门频道了解实时信息。

超级富豪们利用日经 CNBC 获取经济动向。

日经 CNBC 是一档专门的经济频道。目前，也开通了网上直播，只要观众缴纳了观看费用，就可以在指定时间通过手机、平板电脑等移动终端收看这档节目。

日经 CNBC 会实时分析时刻变化着的大盘走向和汇率动态。还有专家解说。

因为超级富豪们拥有着大量的资产，所以他们必须清楚地知道自己所有的资产价值的变化情况。

因此，他们**必须实时了解**日经平均股价等股票市场的动向和日美汇率市场的推移情况。只有这样，才能够作出最英明的决策。

此外，收看实时播报类的栏目，还能够同时进行生意往来。比如随着股票的波动，超级富豪会想自己已购的股票是继续持有并加仓还是立即抛售。

超级富豪对股市和汇率相当敏感。与利用 NHK 新闻和 WBS 了解经济动向不同的是，日经 CNBC 能够随时把握经济动向，挖掘商业机会。

通过超级富豪们彼此间的交往，提升商业敏感度。

超级富豪们能对经济动向，具体来说就是日经平均股价和汇率市场如此详尽的了解，正是基于这样的背景。但是他们能够详细地了解经济动向的理由又不仅仅如此。**在超级富豪们彼此之间的谈话中谈及经济动向类的话题**，简直就是家常便饭。如果不了解经济动向方面的话题，这对超级富豪来说是一件令人羞愧的事。

超级富豪们在提及日经平均股价的时候，甚至清楚地知道丰田汽车等**日本有代表性企业的股票价格。提及汇率也是如此，他们不仅仅清楚**日美汇率，**更了解**日欧、澳元、美元、日元之间的汇率。在他们的谈话过程中，仅仅以日美汇率结束对话的情况很罕见。

对于超级富豪们来说，用日经 CNBC 把握经济动向是理所当然的。

★ **重点：必须拥有比一般人更敏感的信息触角。**

Part 4　性格篇

成功的秘密就在这里

武器 28　超级富豪多问几个"为什么"

普通人，无论如何都会这样做；中产阶级，重新思考一次"为什么"；超级富豪，反复思考五次"为什么"。

当面对什么问题，或者陷入什么困境中的时候，为了解决面前的问题，我们会采取怎样的行动呢。

本章我们以"为什么"为关键词来看一看这三种人各自的思维方式。

普通人不会心存疑问，所以什么都不会改变。

对于别人告诉自己的事情，普通人丝毫不会有任何疑问，因为他们认为这件**事情从最开始就是这样的！**所以他们更不会问"为什么"。

比如，上司让他们复印 30 份 100 页的部长会议要用的资料。

普通人把资料放进复印机，设置好各项参数，就站在复印机前等资料印好。他们认为这种行为非常正常。

但是这对他们的职业晋升却是非常不利的。如果想要从现在的岗位脱颖而出，应该从以下两个方面着手。

第一，如果办公室内配备多台复印机的话，要充分利用起所有空闲的设备，节约时间，提高效率。如果这个时候，谁要用复印机，那么只要将自己的复印进程中止就可以。

第二，在复印的过程中，阅读印刷好的会议资料。

会议资料里所写的内容可能与自己的工作并无直接相关，但是可以知道公司全体包括其他部门的整体规划、他们的业绩和负责的课题。

但遗憾的是，普通人想不到这一层深意。

中产阶级不那么在意成果。

中产阶级只问一次"为什么"。

面对发生的事，他们往往会问"为什么"，而且愿意自己深入寻找答案。

让我们一起看看他们的具体行动。比如，下面的这个例子。

中产阶级是公司的营销人员，深得上司信任，最近业绩也在不断增长。

这一天中产阶级来到一家大客户的公司，对他们公司的新商品进行推介。像往常一样，中产阶级开始商品推介。从商品的引入目的开始，一直售后服务等等，很好地进行了一系列解说，他们自信自己可以成功拿到这份合约。

但是从客户嘴里说出来的却是"研究一下"。于是他们不得不说："那我改日再来拜访。"于是，离开了客户所在的公司。

回到了自己的公司，他开始回想今天的商品推介。

"我在其他公司推介商品的时候都很有效，为什么今天不起作用了呢？"

最后他总结出是因为自己没有很好地表达出这份热情。于是在第二次的商品推介时，中产阶级特别注意用激情洋溢的语言着重介绍了商品导入的好处。

在推介结束之后，他们心想："这次总算能顺利拿下了。"但是他们却收到了意外的答案。

"这次我们先不买了。"

中产阶级对自己的工作技巧和能力都是很有信心的，所以对于这个回答他们很是震惊。不知道自己被拒绝的原因，不得不放弃了游说。

但是如果他们能够像下面所说的这样，再次提案又会产生怎样的结果呢？

"对于这款商品您还有什么想要咨询的吗？"

也许客人就会说："其实我很喜欢这款商品，但是价格太高了！所以，真的是没办法。"

通过这样的方式就可以缩短自己与客户之间的距离，也可以通过和上司的沟通，再次向客户作出提案。

但是中产阶级却不会做到这一点，因为他们只会思考一次"为什么"？

超级富豪在弹性思维里多次发问"为什么"。

超级富豪会反复提问五次"为什么"。

有疑问的时候超级富豪们总会数次地自问自答，直到发现自己认为最正确的思维方式。比如以下的这个例子。

超级富豪们去客户公司进行商品提案。

对方是一家精英企业的社长。超级富豪衷心希望对方可以签下这份合约。

但是在商品说明结束之后，对方的社长说道："我很喜欢这款商品，但是价格过高了，你能给我一些折扣吗？"

那么，超级富豪会怎样应对呢？

事实上，他们是不会轻易降价的，而会考虑其他方法。

比如给对方公司的工作人员带一些特产，可能是很多精美的点心。

这是因为对方公司的这位社长比其他人更关心自己的员工。

换句话说，超级富豪与其说在营销"商品"，不如说是把"自己"也营销出去了。

结果，对方的社长被超级富豪这份热情所打动，于是购买了这批商品。

"这条路走不通就走那条路""那条路走不通就走这条路"超级富豪们就是这样反复地向自己发问，最后寻求解决的方法。

★ 重点：反复提问"为什么"从而提高自己的成功率。

武器 29　超级富豪善于规避风险

普通人，不明白"风险"一词为何意；中产阶级，想规避风险却往往事与愿违。

大家在听到"风险"这个词的时候会想到什么呢？

"风险"在大多数情况下，有着"危险"的意思。

本章我们将探讨这三种人在面对危险和损失时所产生的心理活动。

普通人不会选择充满挑战的生活方式。

普通人并不知道风险这个词的含义。

严格意义上来说，普通人肯定是曾经听说过风险这个词，但是他们却不清楚什么"场合"有风险，而面对风险时，又该怎么"应对"。

这是因为**他们没有迎着风险和损失行动的想法。**也就是说他们不会选择将自己置之死地而后生这条路。明知前方道路坎坷还主动投身，他们基本不会选择这样具有挑战性的道路。

所以，他们并不十分清楚迎接风险、规避风险的具体含义。

中产阶级，对迎接风险这件事无抵抗能力。

中产阶级想要规避风险，最后却往往蒙受损失。

中产阶级很喜欢"用钱做点什么"的感觉，所以他们喜欢挑战新事物。

因此，他们对迎接风险没有抵抗力。

比如中产阶级投资股市。他们以 1000 元每股的价格购入了某公司股票 1000 支。不考虑其中的手续费，仅仅买入股票的价格就需要一百万。

但是股票买入后，因为工作繁忙，**根本没有空闲的时间来关注股市的波动。**

一周之后，他们终于有空来看看自己买的股票，可是股价已经从当时的 1000 元降到了 900 元，无形中就给自己造成了十万元的损失。

"如果继续这样的话不就糟了吗？"他们如是想到，于是又在同一家公司里以 900 元每支的价格又买入了 1000 支股票。截至目前，买入的股票总金额为 190 万。一旦股价反弹，自己就可以高枕无忧了。

可是一周之后，股价下跌到了 800 元每股。无形中损失就增大到了 30 万。于是他们留着泪，忍痛退出了股市。

中产阶级这种"如果继续下去我就会遭受损失的！"风险规避方式往往会带来更大的损失。

超级富豪，有属于自己的一套规则。

超级富豪非常擅长规避风险。还是让我们以投资股市为例，来看一下超级富豪们的行动吧！

超级富豪与中产阶级不同的地方在于他们**买了股票之后不会置之不理。**

虽然他们不会一天 24 小时地关注自己的股票价格，但是买了股票之后，他们就会通过第二天的新闻来确认股票的价格。自然也不会出现这种一周不理股价的情况。

第二天看股市新闻时，发现这支股票已经涨到 1050 了。第三天再看下跌了十元，目前股价 1040 元。

这个公司的股价虽然在上下波动，但是一周之后还是涨到了 1100 元。此时，超级富豪获得了十万元的收益。

这时超级富豪会果断将股票抛售，确保利益的实际化。

如果股票价格下跌，他们会立即止损，抛售股票。

上文提到的是股票价格上涨的情况，如果一周之后股价下降 100 元，降到了 900 元的话，超级富豪们又会怎么办呢？

事实上，他们会及时止损，以确认自己的损失。经确认，最终损失了十万元。

如果这支股票最后又上涨了，不就会扭亏为盈了吗？即使存在这样的可能性，他们也会第一时间抛售股票。

如前所述，无论是在获得利益还是遭受损失的时候，他们都有一条自己的规律。在这里，这条规律就是：**无论收益，还是亏损，都必须要控制在 10% 以内。**

如果超级富豪没有遵循自己的这一条规律，而继续持有股票，也许利益会进一步扩大。

但是另一方面，损失也有可能继续扩大。这样就会陷入泥淖无法自拔。

因此，**他们会设定一定的规律来控制风险。**

规避风险的两个角度。

买了股票之后，买而不理的情况是绝对不会发生的，这是他们与中产阶级的根本性差别。

正如前文所说，通过报纸了解股价变动是规避风险必然的途径。他们能够遵守"上下 10%"这条规律也是不能忽略的重要原因。

超级富豪之所以能够规避风险，既是因为他们日常生活中

就关注该公司的股票波动，也是因为他们遵循自己的那一套投资规律。

★ 重点：通过自己的规律和信息收集工作规避风险！

武器 30　超级富豪深知做事贵在坚持

普通人做事，坚持三天然后放弃；中产阶级做事，坚持一个月然后放弃；超级富豪明白，不坚持最少三年是无法获得成功的。

我们经常会听到人们提到"坚持的力量"。

但是真的是这样吗？

对于坚持这件事，这三种人又是怎样想的呢？让我们来一起看一看吧！

普通人，因为一点小的困难，放弃坚持。

普通人做事，坚持三天然后放弃。

比如以下的这个例子。

他们下决心，每天早上 6 点起床，然后晨读一小时。于是他们工作结束回到家之后迅速吃饭、沐浴。然后将闹钟设置在 6 点，下决心明天早上一定要在 6 点起床。

第二天早上 6 点闹钟响起，他们也随之起床。浏览了报纸之后，他们读起前几天刚刚买的那本书。

一个小时很快过去了，他们换上了西装，吃过早饭，作好上班的准备。

晨读开始的第二天。依旧是6点起床开始读书。和昨天一样，读一个小时的书，然后换衣服，吃早餐，出门上班。

但是当天晚上和公司的同事约好一起出去吃饭。

整个晚饭大概持续了两个小时左右。结束之后从快步赶回家中，调好闹钟，躺下睡觉。

第二天早上闹铃声响起，他们很努力地想要起床，但是因为昨天吃饭的时候喝了太多的酒，所以现在头痛欲裂，怎么都起不来，于是只好关了闹钟继续睡。

等到他们起床的时候已经7点了，就是往常晨读结束的时间。于是他们只能慌慌张张地作好上班前的准备，冲出家门。

又到了第二天的早晨，前一天晚上既没有聚餐，他们的**身体也恢复得差不多了，但还是不能六点准时起床。**当然书也就没得读了。

从那天以后，他们就养成了7点左右起床的习惯，早上晨读这件事也就再也没被提起过。

中产阶级不相信坚持的力量。

中产阶级放弃了自己已经坚持了一个月的事情。

和普通人一样，中产阶级也下定决心，每天早起晨读1小时。

因为中产阶级中，大多数人回家的时间都比较晚，所以他们睡觉时已经差不多11点以后了。他们将闹钟调成5点钟，然后酣然入睡。

第二天早上5点，闹钟响起，他们关掉闹钟，洗漱之后，浏览了当天的报纸，然后开始读书。对于中产阶级来说，读书并不是一件很痛苦的事，所以他们很轻松地就将书本里的内容记录到自己的脑海中。

第二天也是如此，五点钟起床读一个小时的书，第三天，依旧如此。

因为他们基本上是不过所谓的双休日的，所以到了周末也和平常一样五点钟起床读书。

但是一个月之后，中产阶级突然厌烦了每天早上起床读书这件事。于是他们开始怀疑，自问自答：**"每天早上读书真的有效果吗？"**

"如果没有效果的话，我每天起这么早，不是浪费时间吗？"

在这种想法的驱使下，他们就放弃了每天早起读书的习惯。

中产阶级在经过一个月的晨读之后发现没有效果，就不会再继续下去。

超级富豪，通过珍惜每一天真实感受到"坚持的力量"。

超级富豪明白，凡事不坚持最少三年，是无法获得成功的。

"无论做什么事，不经过长期、艰苦卓绝的努力是无法取得成功的，想要短时间内取得成功是非常困难的。"超级富豪这样想。

让我们看看超级富豪的做法。

和普通人、中产阶级一样早起晨读。

超级富豪们都能自然早起，所以他们不需要闹钟。因为他们自己的生物钟可以准时叫醒自己。

第一天，很自然地 5 点起床。

超级富豪起床之后，先去洗漱。先浏览当日报纸，后读书。全身心地投入到 1 小时的读书时间里。

6 点结束晨读，再拿起报纸，作好上班前的准备。

这一系列的动作从每天早上 5 点开始不断重复，**已经变成了和刷牙一样自然的习惯**。

而且，因为坚持早读切实感受到了实际效果。

他们能够将书本中学到的知识应用到生意场上。虽然不是每一本书都对生意有帮助，但是每一本书都是人生的一笔财富。

就这样，他们坚持了 3 年晨读。此时的他们，和坚持 3 天就放弃的普通人、坚持一个月放弃的中产阶级之间有了多么大的"差距"呢?

是不是想象一下,都觉得差距大得吓人。

★ 重点:一旦下定决心做一件事,就要尽可能地多坚持一天。

武器 31　超级富豪经过深思熟虑再作决定

　　普通人，一下子扑向眼前利益却蒙受损失；中产阶级，一瞬间被眼前利益迷惑住双眼，结果却蒙受损失；超级富豪，经过一天的研究，再决定是否参与。

　　我们常常被告诫警惕"口蜜腹剑""不要被眼前利益所迷惑"，那么现实生活中大家如何自处呢？

　　面对眼前利益的诱惑，这三种人又会采取怎样的行动呢？让我们一起来看一下吧。

普通人，流露当时的感情。

　　普通人，一下子扑向眼前利益蒙受损失。

　　让我们以买车现场为例。

　　老婆和两个孩子，温馨和睦的一家四口。

　　自家信箱里收到了新车的宣传广告。没过多久，就收到了汽车营销人员打来的推销电话。

虽然对自家现在的那辆车很满意，暂时没有换新车的打算，但是既然接到了对方的电话，不如就去 4S 店看看。

几天之后，普通人来到了 4S 店，和营销人员进行了面谈。

面谈时，被营销人员问及家里几口人，他们回答"4 口人"。于是，营销人员拿来了家庭用车宣传手册，开始推销说明。

营销人员极力推荐的这部车供四人乘坐，含税共 160 万。

然后，营销人员如是提议：

"如果您今天签约的话，可以获得 20 万的折扣。"

本来听到刚才的推销，是没有要买的意愿的。但是**听到"打折"这个关键词，内心大大动摇**。

"如果把现在这部车卖掉，140 万就可以接受了啊。"

这样一想，他们就决定买新车了。

很快提车回家。沾沾自喜于自己的新车。

但是没过几天，这辆车进行了改版。而且价格含税只要 130 万。不仅仅性能变得更好，价格还便宜了 10 万元。这就是贪图眼前利益反而遭受损失的典型事例。

中产阶级，虽然想要合理判断，但还是遭遇失败。

中产阶级，一瞬间被眼前利益迷惑双眼，结果蒙受损失。

让我们把中产阶级也带入和普通人一样买车的场景来看

一下吧。

虽然中产阶级自己买的是国产车，但是身边很多朋友用的都是海外车，于是自己也在考虑买一部海外车。

某一天，他们来到卖海外车的 4S 店。营销人员拿来了宣传手册开始推销，突然有一辆车吸引了中产阶级的眼球。一看价钱，含税 500 万。

在那一瞬间，他们在买和不买之间产生了犹豫，但是最后还是决定买。

以自己现在的收入，加上卖掉现在的这部车可以负担一部分。不够的部分可以通过贷款。

提车走人。开着新车心情都变得愉悦起来，越来越觉得自己换车的选择是明智的。

在熟悉了新车各方面性能之后，准备把车停进车库。可是，由于操作失误打碎了后视镜。

马上联系买车的 4S 店，被告知修理这款后视镜必须从厂家邮寄零件。

此时，中产阶级就完完全全知道了国产车和海外车有在的巨大差异。

如果是国产车，只要联系了 4S 店，就可以马上从就近的连锁店取来零件，很快就可以修复好。但是海外车就不行。

当时只想着买车，却没有考虑到修理周期长这个问题。随后开车出行的几天里，因为没有后视镜而给生活带来了巨大的不便。

超级富豪，购买高价商品时不会当场决定。

超级富豪，经过一天的研究，决定是否参与。

超级富豪，在购买私家车等高价商品时不会当场决定。即使推销人员反复催促，自己也还是坚定立场，只是回答"让我再考虑一下"。

然后回家之后，拿出笔记本电脑，仔细研究一下是否有买这部车的必要，然后再决定要不要买。

而且，对于超级富豪来说，是否打折并不重要。即使决定买，也是以定价买入。因为他们知道如果享受了折扣，在之后就会带来很多不便之处。

比如，买下这部车之后汽车的引擎或者电路系统发生了故障之后。

超级富豪担心的是，在自己的车返厂修理期间，自己能不能顺利地借到代步车。如果他们是以定价买车，那就可以迅速而果断地要求借用代步车。

超级富豪即使在 4S 店接受了对方的说明，但是也会要求回

去再考虑一下。

因为他们要进行更综合的考虑，金额也是一方面，"这辆车有没有买的必要""售后维修有没有问题"等也在考虑范围之内。经过至少一天的深思熟虑之后，才决定是否购买。

★ **重点：如果不是绝对必要的商品，就绝不会买。**

武器 32　超级富豪向优秀的人看齐

普通人，边看边学；中产阶级，把前辈当作反面教材；超级富豪，学习自己尊敬的人的思考和行为方式。

大家是怎样开展工作的呢？

因为工作性质不同，也要随时改变自己的处世技巧。

让我们来看看这三种人对待工作的态度吧。

普通人，自己闷声学习，掌握工作技能。

普通人，边看边学。

假设他们是一名营销人员。

进入社会之后，都是跟前辈学习工作技巧。最初都是手把手教。在一定时期的实习期结束之后，就开始自己外出寻找营销机会。

一般情况下，从这时开始前辈就不再指导新人了，而是放手让新人自己去做。无论是新人还是老手，都必须把自己当成公司的专业营销人员。但是新人要积极主动地跟前辈学习，请前辈指导，礼貌地向前辈请教。

但是，普通人即使有不明白的地方，也不会主动提问。他们更习惯边看边学，在实践中慢慢掌握工作技巧。

虽然这样可以形成自成一体的工作方式，但是这种情况往往进行得不太顺利。

即使自己采用了错误的工作方式，对方客户却没有发现不当，当事人自己是不会特意去注意这一点的。

那么就会**一直沿用这个错误的工作方法**，一门心思地学习新技能也会有诱发失败的可能性。

中产阶级，在和前辈保持紧密关系的过程中逐步成长。

中产阶级把前辈当作反面教材。

中产阶级刚开始的时候也是前辈手把手带出来的。在一定时期的实习期结束之后，作为一个独立的营销人员开始自己外出寻找营销机会。

中产阶级即使是很细小的工作也会听前辈建议，如果是棘手的 case 会请求同行前辈。

然后近距离学习前辈的营销手法，补足自己欠缺的地方。通过听取前辈意见、学习前辈的工作技巧逐步提高自己的工作技能，提升业绩。

但是，也会有碰壁的时候。

比如，下面这个例子。

中产阶级曾多次跟客户公司的社长进行营销提案，但是过了很久都没有拿到订单。于是他们向前辈请教经验，询问前辈的意见。

前辈回答道："不要保持沉默，要积极推销产品的优点。"将这句话铭记在心，再次挑战。

但是，并没有从对方社长那里收到更好的回答。

此时，他们开始自己反思。

"是不是说太多反而不好呢？如果是这样的话，以后我要更多地听取对方的意见。"

于是他们又一次来到对方公司进行商品推介。

取得了和前一次截然相反的效果，当场签订了订单。而且通过这笔订单，自己的业绩超过了前辈。

从此以后，中产阶级，就不再向前辈征求意见了，对于他们给出的建议，也不完全遵从，完全反其道而行的做法，也不在少数。换句话说，就是把前辈当作反面教材，从而，提升自己的业绩。

超级富豪，兼顾自我学习和实践，从而取得进一步成长。

超级富豪，学习自己尊敬的人的思考和行为方式。

当超级富豪还是一个新人的时候，也是前辈手把手带出来的。从前辈那里学到处理问题的方式，迈出了步入社会的第一步。

在随后的工作中，他们边听取前辈的意见，边独自学习新的营销技巧。

然后在某一天，取得突破，取得了骄人的成绩。从此以后以一定的速度提高着自己的业绩。

但是，也有碰壁的情况。那就是当他们完成过多工作的时候，会被上司或前辈抓住小辫子。所谓"枪打出头鸟"就是这个意思。

此时，他们为了充分发挥自己的才能，决定辞职。

但是，在新的公司也不是那么安稳的。因为被公司的人看作是高人一等的存在，所以向前辈请教经验时，提问的机会就被限制了。

面对这种情况，要怎么办才好呢？

那就是自主学习。为了尽快找到适合自己的营销方法，**阅读优秀营销人写的书，并转化成自己的知识。**然后，将他们应用到实战过程中。

超级富豪即使自立门户，也注重学习前人的智慧，逐渐扩大自己的业务范围。

★ 重点：把前人的智慧当作指挥棒。

武器 33　超级富豪对洗手间的清洁工作比较在意

普通人，在意通勤电车迟到 30 分钟；中产阶级，在意工作进展过于顺利；超级富豪，在意洗手间的清洁工作。

每个人在日常生活中，都会有各种各样关心、在意的事。

但是，如果我们反思一下"为什么我在意这些事"，或者有人持反对意见"我一直都是平常心啊"，就会发现惊人的差异。

普通人，在意细节问题。

普通人，在意通勤电车迟到 30 分钟。

极端害怕风险，一旦遭遇不好的情况，无论多么细微的事情都会非常在意。

比如，上班迟到。

普通人，基本上班的时候不会迟到。今天也是同一时间从家出门。因为他们讨厌计划外的情况，所以搭乘的也是同一时间同一班电车。

刚开始的时候，电车顺畅地行驶，突然紧急停车。车身剧烈摇晃。马上，车厢广播响起。

"前方道路有车辆紧急熄火，汽车抛锚。司机紧急停车。"

车内瞬间陷入骚乱。有人拿出手机给公司打电话，但是这位普通人决定先观察一下情况。因为他平时大都是提前半小时到公司。

但是，心里还是不免担心电车什么时候才能走，而且越来越担心。

"如果这样，我就迟到了！"

这样想着，拿出手机给上司打电话，报告自己可能迟到，取得谅解。

在车厢里等待的期间，传来了恢复行驶的广播。电车重新发车，到了离公司最近车站，迟到了 30 分钟。

慌忙跑进公司，进入办公室。然后向上司报告，立即开始今天的工作。

但是，他们在工作过程中，也对迟到这件事非常介意。而迟到这件事并没有对工作带来障碍。

换句话说，就是没有"实质性"伤害。但是普通人总是很担心**发生计划之外的事，预示着有坏事发生，**他们会陷入这样的心理恐慌。

中产阶级，面对好事也会像对待坏事一样在意。

中产阶级，担心工作进展过于顺利。

比如，下面这个例子。

某一天，中产阶级给大客户进行商品推介。因为前期做了大量周密细致的准备工作，收到好评。现场就拿下了新订单。

回到公司，将这件事跟上司报告，平常很少表扬部下的上司都破天荒地表扬了他。

"做得好！真是一笔大订单啊！"

听了上司的表扬，脸都红了。回到自己的座位，慢慢平复了心情。

"为什么进行得这么顺利？以前从没有过一次搞定订单的情况啊……只有这次，为什么呢？"

他们被这样的不安笼罩。从他们这种习惯自我接纳的性格出发，他们**在面对好事的时候很容易陷入紧张情绪。**

超级富豪，只关注好事。

超级富豪，关心洗手间的清洁工作。

超级富豪无论是在家还是在公司，洗手间的坐便器都是闪闪发亮的。

如果借用他们的厕所就会发现这一现象，不禁思考是所有的超级富豪都有这样的癖好吗？

为什么他们会对洗手间的清洁度如此在意呢？

这就是因为他们在意洗手间的清洁工作，这里需要引起大家注意的地方是**用积极的态度思考"洗手间清洁"**这件事。

很多人认为洗手间不干净，会丧失财运，所以经常打扫。换句话说，保持洗手间的清洁，能够提高自己的财运。

超级富豪们往往都是非常积极的人，他们只关注好事。

即使失败了，也没有悲壮感。

超级富豪在厄运叠加的情况下，也不会自怨自艾。

例如，由于工作失误，跟大客户产生了摩擦，大客户来信通知终止合约。

负责的员工面如土色，听从超级富豪的指示。

超级富豪虽然也震惊于这一消息，但是他们也不会过分责罚员工的疏漏。

从客观角度来看，这是一件极其严重的事件，但是他们马上就会用更积极的想法取而代之，那就是"只要找到新客户，不就可以了吗！"

自家人遭遇不幸，他们也会这样应对。比如灵前守夜、出席葬礼等时候，他们内心虽然无比悲痛，但是这件事过去之后，

就会整理心情，迈出崭新步伐。参加不同行业的经验交流会，参加朋友聚会等等，寻找新的邂逅。

★ 重点：关注"好事"，带来好运。

武器 34　超级富豪在家度过假期

普通人，让时间白白流逝；中产阶级，花钱度过假期；超级富豪，在家里安静地度过假期。

假期是支持工作日努力工作的精神食粮。

让我们来看一下这三种人如何度过自己的假期。

普通人，深受"海螺小姐"症候群[①] 困扰。

普通人，让时间白白流逝。

普通人大体来看时间比较宽裕，特别是假期的时候很空闲。

让我们来看看他们怎样度过假期的。

普通人多数都是上班族，基本周六周日都是休息日。

周六早上，为了消除周一到周五积压的疲惫，起床的时间

---

① 海螺小姐症候群，因《海螺小姐》节目长年于周日晚间里播放，日本人将美好的周日假期结束后，第二天要面对上班上学所产生的郁闷心情形容为"海螺小姐症候群"。——译者注

都比平常晚。

今天，也是差不多 10 点才睁开惺忪睡眼，然后洗漱，边吃早饭边看报纸。

午饭要 12 点，还有一段空闲时间。看看电视，听听音乐，时间就过去了。

基本上，**休息日的时候他们不怎么外出**。因为外面人多混杂，而且还要花钱消费。

周日也差不多这样度过。早上很晚才起床，如果没有紧急事件，就窝在家里看电视。

但是，还是有一点和周六不同的。

那就是晚上 6：30 分电视上会播放《海螺小姐》。节目一开始，他们就会陷入愁云惨淡的状态，因为第二天就要上班了，他们对这件事耿耿于怀。

因为过分担心明天的事，不吃晚饭的情况也时有发生。

他们就这样度过一个闷闷不乐的周日晚上，然后迎接周一的太阳。

中产阶级，双休日充分满足自己。

中产阶级，花钱度过假期。

中产阶级除了花时间，还会花钱。

让我们来看看他们是如何过周末的。中产阶级基本上周六周日也是休息的。

首先是周六。早上起床洗漱，边看报纸边吃早餐。

然后出门购物。平时因为工作太忙，没空购物，今天就可以痛快地把在杂志上看到的心仪商品都买回来。

逛街逛累了，就可以去就近的咖啡店喝杯咖啡，休息一下。就这样度过周六。晚上，如果有喜欢的餐厅就去那里用餐，边享用美食，边度过一个优雅惬意的夜晚。周六的夜晚就是这样丰富多彩。

周日他们选择在家中度过。看看电视节目、整理一下家务、读读书。

傍晚电视上开始播放《海螺小姐》。中产阶级也会变得略显忧伤，但是他们会马上转换心情，思考接下来一周的工作计划。**在准备工作的过程中，内心深处这种担忧也会逐渐淡去。**

超级富豪，无论工作日还是休息日都能自由自在地使用。

超级富豪，在家里安静地度过假期。

超级富豪和普通人、中产阶级不同之处在于，他们**工作日里时间安排很从容，**所以双休日完全不需要匆忙度过。

让我们看看超级富豪如何利用时间的吧。超级富豪为了创造自己的时间，会毫不犹豫地把工作委任给专家。如果硬要自己来做不习惯的事，反而会使效率变得低下。

这样多出来的时间就可以用来和朋友进行交流。工作日空闲的时候就可以跟好朋友一起吃吃饭、聊聊天，彼此分享一下信息，交流一下烦恼。

因为在工作日就可以进行这些活动，双休日就可以在自己家里悠闲地享受时间。

又到了《海螺小姐》播放时间。超级富豪自然不会闷闷不乐，愁云惨淡。但他们会很客观地面对明天的到来。

一想到"接下来的一周我该怎么度过呢？"这样的问题，就会变得激动起来。

★ 重点：有时间、有钱、有朋友，自由就在手中。

后记

感谢您耐心读完本书。

我基于个人经验，通过对比"普通人"和"中产阶级"，将超级富豪的思维方式全方位地展示了出来。通过 34 个案例的分析，希望读者能够从中感受到自己和超级富豪间的距离。

但是，在本书中还有一点没有提及。

那就是超级富豪们性格"积极向上""情商高"，都是"努力的人"。

我认为，这才是助力他们构筑起财富大厦的决定性原因。

最后，对向本书从策划到出版尽心尽力、并给出中肯建议的 KODOKAWA 中经出版 BC 的清水点夫先生表示诚挚的敬意和忠心的感谢。谢谢！

2014 年 7 月

挂越 直树